Tony Gray & Steve English

Theologie und Kirchengeschichte

W0086057

Was wird denn das?

Keinen Schimmer.

Der Autor

Tony Gray hat von den Universitäten Exeter und Oxford Hochschulabschlüsse in Theologie und Religionswissenschaft. Er arbeitete mehrere Jahre als Theologiedozent und wechselte dann ins Verlagswesen. Während seines Studiums hat er sich so sehr in Oxford verliebt, dass er heute dort lebt.

Der Illustrator

Steve English ist freischaffender Illustrator, der für Medien in Großbritannien und anderswo humoristische Cartoons zeichnet und schreibt. Er illustriert neben säkularen Comics auch Material für Sonntagsschulen und Kirchen sowie Bibelgeschichten für Kinderhefte. Steve lebt mit seiner Frau und zwei Kindern in Norfolk.

Tony Gray & Steve English

Theologie und Kirchengeschichte – kurz und knackig

Schon besser.

Trotzdem ... nix wie weg hier!

BRUNNEN

VERLAG BASEL · GIESSEN

Bibliografische Information der Deutschen Bibliothek
Die Deutsche Bibliothek verzeichnet diese Publikation in der Deutschen
Nationalbibliografie; detaillierte bibliografische Daten sind im Internet über
http://dnb.ddb.de abrufbar.

Titel der englischen Originalausgabe: «The Potted Guide to Theology», von
Tony Gray & Steve English, herausgegeben von Paternoster Press, an imprint
of Authentic Media, Kingstown Broadway, Carlisle, Cumbria CA3 0HA,
United Kingdom.

© by Tony Gray & Steve English

Übersetzung aus dem Englischen:
Christian Rendel, Witzenhausen

Copyright der deutschen Ausgabe:
© 2009 by Brunnen Verlag Basel

Umschlagkonzeption und -illustrationen: Steve English
Illustrationen Innenteil: Steve English
Umschlaggestaltung: Bertschi & Messmer AG, Basel
Satz: Rudolf Horn, Linden
Druck: Ebner Ulm
Printed in Germany

ISBN 978-3-7655-1434-0

INHALT

WAS IST THEOLOGIE?

Was ist eine «Ologie»? Schlimmer noch, was für einen Sinn ergibt «Theologie»? Früher galt die Theologie einmal als die «Königin der Wissenschaften».

Wissenschaft, wie wir sie heute kennen, erforscht das Leben, das Universum – wie es funktioniert und welchen Platz die Menschen darin einnehmen.

Genau damit beschäftigt sich die Theologie ebenfalls, nur aus einem anderen Blickwinkel. Die Theologie betrachtet die GROSSEN FRAGEN des Lebens.

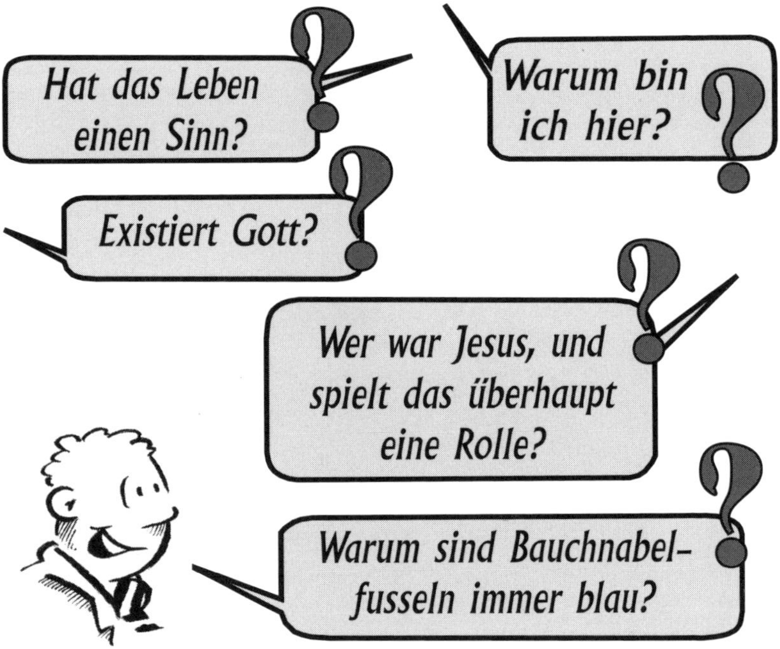

Hat das Leben einen Sinn?

Warum bin ich hier?

Existiert Gott?

Wer war Jesus, und spielt das überhaupt eine Rolle?

Warum sind Bauchnabel-fusseln immer blau?

Das Wort «Theologie» kann sich bizarr und langweilig anhören. Es kommt von zwei griechischen Wörtern …

THEOS und LOGOS

für **Gott**   für **Wort**

In der Theologie geht es also um Worte und Gedanken über Gott. All diese großen Fragen hängen mit dem Denken über Gott zusammen, oder eben mit der Theologie. Theologie kann eine ganze Bandbreite von Bedeutungen und Anwendungen haben.

Theologie kann man in der Kirche oder an der Universität treiben.

Sie kann von hochintellektuellen Professoren betrieben werden

oder auch von ganz normalen Laien.

Sie kann versuchen, dahinterzukommen, was überhaupt das Wesen Gottes ist,

oder sie kann darüber nachgrübeln, wie man am besten betet.

Sie kann aus verzwickter Philosophie oder einfachsten Meditationen bestehen. Und wenn wir unser theologisches Netz noch weiter auswerfen, kann sie das Gespräch über eine Religion, traditionell das Christentum, oder über eine ganze Reihe von Religionen beinhalten. Dieses Buch ist eine Kurzeinführung in die **christliche** Theologie und auch in die Kirchengeschichte; ein Streifzug durch das Werk der verschiedenen Männer (und einiger Frauen – das ist ein Thema für die feministische Theologie, auf die wir später kommen!), aus denen die Geschichte der christlichen Theologie quasi besteht.

WANN TREIBEN WIR THEOLOGIE?

Kann sein, dass Sie eigentlich nie vorhatten, sich mit Theologie zu beschäftigen. Allerdings sind Schule, Kirche und Universität keineswegs die einzigen Orte, an denen theologisch nachgedacht wird.

Haben Sie schon einmal am Meeresufer gesessen, sich die Gewaltigkeit und Vielgestaltigkeit des Universums um die Füße spülen lassen und angefangen, darüber nachzugrübeln, was der Sinn des Lebens sein könnte?

> *Oder hat schon einmal jemand versucht, Ihnen davon zu erzählen, was er über Gott glaubt – auch wenn er ein ziemlich komischer Kauz zu sein schien? Wie sollten Sie das sehen?*

> *Hallo, darf ich Ihnen etwas erzählen über ...*

So vieles in der Welt um uns her ist von Religion und Theologie beeinflusst:

der Konflikt in Nordirland,

wie Staaten und Regierungen funktionieren,

wann wir einkaufen gehen dürfen

und ob wir auf unsere Horoskope hören sollten.

Über all dies hat Theologie eine Menge zu sagen. Theologie beschränkt sich also nicht auf einen bestimmten Zeitpunkt oder Ort. Dieses Buch wird Ihnen hoffentlich zeigen, dass Theologie sich mit Themen beschäftigt, über die jeder irgendwann einmal nachdenkt.

WIE TREIBEN WIR THEOLOGIE?

Seit Jahrhunderten debattieren die Theologen darüber, wie man Theologie treibt – schließlich ist es ein bisschen komplizierter, über Gott zu reden, als sich übers Wetter zu unterhalten!

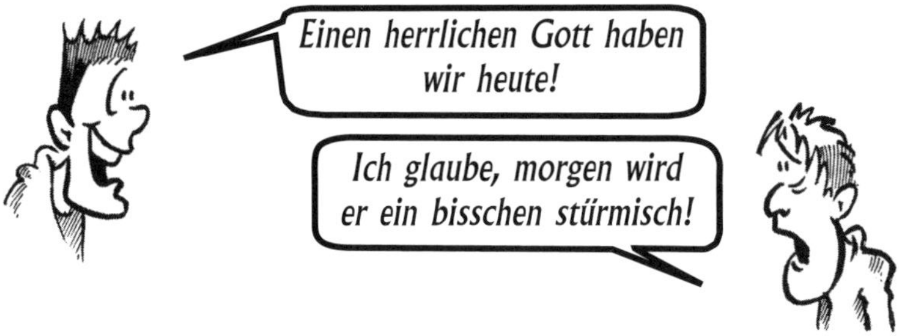

> Einen herrlichen Gott haben wir heute!

> Ich glaube, morgen wird er ein bisschen stürmisch!

| Setzt man sich einfach hin und denkt nach? | Gehorcht man blind allem, was eine bestimmte Kirche lehrt? | Was ist mit unseren Gefühlen? Spielen die auch eine Rolle dabei, wie wir Theologie treiben? | Oder treibt man Theologie am einfachsten, indem man die Bibel liest und befolgt und alles andere vergisst? |

Die ganze christliche Geschichte hindurch haben sich verschiedene Leute an unterschiedlichen Modellen orientiert, um Theologie zu treiben. Entscheidend dabei sind die verschiedenen **Quellen**, aus denen die Leute ihre Behauptungen beziehen, und die **Autorität**, die diese Quellen haben.

Nehmen Sie zum Beispiel die Behauptung, Gott habe die Welt erschaffen. Warum sollte man so etwas glauben?

Der eine nimmt die Offenbarung als seine Autorität und glaubt, dass die Bibel Gott als den Schöpfer darstellt und dass die Offenbarung Jesu das bestätigt.

Ein anderer glaubt an Gott als den Schöpfer, weil ihm das der Pfarrer im Konfirmandenunterricht beigebracht hat – seine Autorität ist also die Tradition.

Es kann auch sein, dass jemand ein Wunder erlebt: Obwohl er von Geburt an blind war, kann er auf einmal sehen! Wer könnte es ihm verdenken, dass er sich auf seine Erfahrung stützt, um zu behaupten, dass Gott die Macht eines Schöpfers hat?

Eine vierte Person glaubt vielleicht aus viel «vernünftigeren» Gründen an «Gott als den Schöpfer». Sie schaut sich die Komplexität des Universums an und kommt mit Hilfe ihrer Vernunft zu dem Schluss, dass diese Welt durch Schöpfung entstanden ist, nicht durch blinden Zufall.

WARUM THEO-LOGIE TREIBEN?

Nachdem wir uns das alles angehört haben, bleibt vielleicht noch eine Frage: Warum sollten wir uns überhaupt mit Theologie abmühen?

Lassen Sie mich aus dem Spiel, und lassen Sie mich in Ruhe mein Leben leben!

Aber denken Sie an einige der Dinge, die wir bereits erwähnt haben. Denken Sie an diese großen Fragen und daran, wie sie unser Leben verändern können. Wenn Gott tatsächlich existiert und Interesse an uns hat, denken Sie nur einmal, was sich dadurch alles verändern könnte …

welchen Beruf Sie ergreifen,

wie Sie mit Ihrem Geld umgehen,

was Sie sich in der Kneipe bestellen,

wen Sie wählen,

wen Sie hei-raten, und so weiter.

Wenn also die Beschäftigung mit Theologie all diese Dinge verändern kann, dann ist sie schon sehr wichtig.

Andererseits, wenn Sie am Ende zu dem Schluss kommen, an der Religion sei nichts dran, dann haben Sie wenigstens einmal hingeschaut und wissen Bescheid, worüber die anderen immer reden.

Wenigstens basiert Ihre Meinung jetzt auf Information, nicht auf Klatsch und Hörensagen.

TRATSCH KLATSCH TRATSCH

KLATSCH TRATSCH KLATSCH

Wenn Sie Christ sind, finden Sie es vielleicht manchmal schwierig, sich mit Theologie zu beschäftigen. Sie kann Fragen und Probleme aufwerfen, über die Sie bisher nie gestolpert sind.
Wenn aber dieses Buch dazu beiträgt, dass Sie besser verstehen …

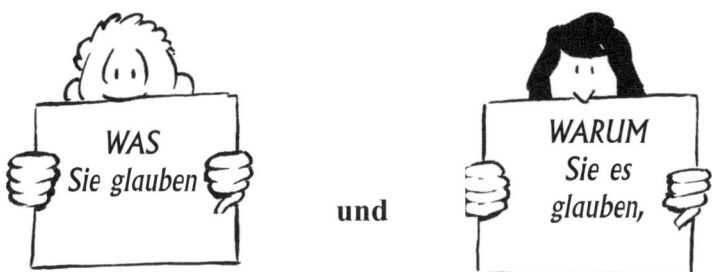

WAS Sie glauben

und

WARUM Sie es glauben,

dann kann es vielleicht auch dazu beitragen, dass Ihr Glaube sich noch tiefer auf Ihr Leben auswirkt.
Diese letzte Frage: «Warum Theologie treiben?», bringt uns zurück zum WAS der Theologie. Denn wenn die Theologie große Fragen stellt, dann ist «Warum Theologie treiben?» vielleicht auch eine dieser zu großen Fragen. Könnte also sein, dass die Antwort auf diese Frage darin liegt …

ein kleines bisschen Theologie zu treiben …

Ein Wegweiser durch den

Wegweiser

Wahrscheinlich werden Sie dieses Buch zum Nachschlagen verwenden wollen. Deshalb haben wir ein paar Hinweisschilder eingebaut, damit Sie sich zurechtfinden, ohne eine Seite nach der anderen lesen zu müssen.

Jedes Kapitel dreht sich um die Theologen der jeweiligen Zeit, und jeder Theologe ist an seinem Porträt (ja, ziemlich hässlich zum Teil), zusammen mit dem Namen, zu erkennen.

Diese befinden sich meist oben auf der Seite, und der folgende Text bietet eine kleine Einführung, wer sie sind.

Dieses Icon weist darauf hin, dass ein Text von der Theologie eines bestimmten Theologen handelt. Halten Sie also danach Ausschau, wenn Sie wissen wollen, worüber er nachdachte und woran er glaubte.

Vielleicht fragen Sie sich, warum ein bestimmter Theologe und seine Lehre überhaupt so wichtig sind. Antworten darauf finden Sie bei diesem Icon.

Gelegentlich sehen Sie auch diesen kleinen Kerl hier. In seinem Kopf scheint nicht sonderlich viel vorzugehen, aber er ist da, um ein paar Fragen aufzuwerfen, die Ihnen helfen sollen, mehr über ein Thema nachzudenken.

Viele Theologen schrieben ihre Gedanken nieder. Ihre wichtigsten Schriften finden Sie überall in diesem Buch verstreut.

Noch ein Buch darüber, was ich glaube

Viele Konferenzen und Treffen spielten in der Geschichte der Theologie eine wichtige Rolle. Um herauszufinden, was sich hinter den verschlossenen Türen abspielte, lesen Sie jeweils hier weiter.

Um Ihnen vor Augen zu führen, wie sich die Geschichte der Theologie in die übrige Geschichte einfügt, zieht sich eine Zeitlinie durch das ganze Buch, auf der herausragende Ereignisse der Vergangenheit hervorgehoben sind.

Gefrühstückt	Auf die Toilette gegangen	In gerade mal zwei Minuten zu Abend gegessen				
1725	1733	1745				

DIE ALTE KIRCHE

> Nach der neutestamentlichen Zeit begann die christliche Theologie zu wachsen und sich zu entwickeln, indem sie über die Erfahrungen der frühen Kirche nachdachte und sich zu den Fragen der Zeit äußerte.

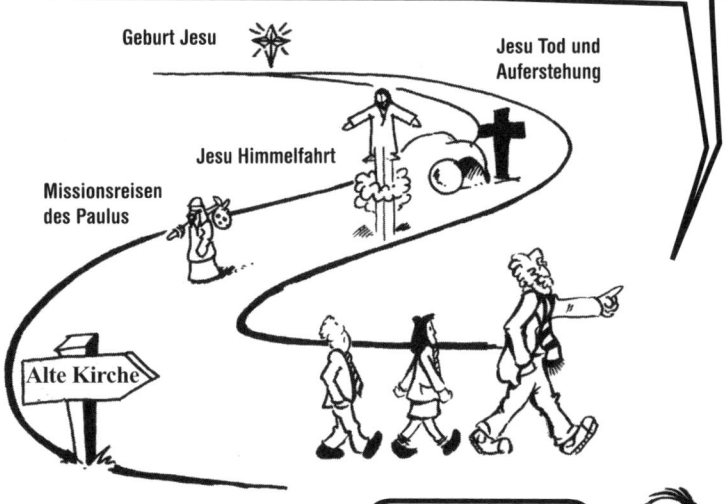

Diese erste Phase der Kirchengeschichte heißt «Alte Kirche», beginnend mit den Apostolischen Vätern, also den Kirchenvätern, die die ersten Theologen waren. (In der christlichen Theologie und Philosophie wird diese Zeit auch «patristische Epoche» genannt; lat. *patres* = Väter.) Auf diese Theologen haben sich spätere Denker oft als ihre Autoritäten berufen, und sie setzten sich mit einer ganzen Reihe von Fragen auseinander.

Ihre Theologie war nicht trocken und abstrakt. Sie entwickelte sich als Konsequenz ihrer Gottesverehrung, die sie dazu veranlasste, zum ersten Mal über einige der wichtigsten Lehren der Kirche nachzudenken. Sie dachten gründlich nach über Fragen der

Autorität

Natur und Ausdehnung des Kanons (der Norm) der Schrift

Tradition

Ihre Kultur und Sprache mag abstrakt wirken, aber für sie war all dies zutiefst relevant, so dass sie oft sogar bereit waren, ihr Leben dafür zu geben.

Die frühe Kirche entstand, weil sie begann, Jesus Christus als Herrn zu verkündigen. Wie sich das auswirkte, zeigt sich an ihren Diskussionen darüber, wer und was Jesus war (Debatten über die Natur und die Person Christi, traditionell **Christologie** genannt). Wie konnte Jesus gleichzeitig göttlich und menschlich sein, wie sie behaupteten? Dies wiederum führte zu Fragen über das Wesen Gottes und zur Lehre von der **Trinität** oder **Dreieinigkeit**.

Weitere Themen, über die debattiert wurde, waren ...

EKKLESIOLOGIE

Die Betrachtung der Kirche

SAKRAMENTOLOGIE

Das Nachdenken über die Sakramente, besonders Taufe und Abendmahl

ANTHROPOLOGIE

Die Frage, was es heißt, ein Mensch zu sein

SOTERIOLOGIE

Wie kommt ein Mensch zum Heil, und was ist das überhaupt?

SÜHNELEHRE

Was bedeutet die Aussage: «Christus starb für uns»?

Die Alte Kirche ist voller faszinierender Charaktere, Debatten, politischer Auseinandersetzungen, Märtyrer usw. Sie ist nicht nur eine interessante geschichtliche Periode, sondern auch ein grundlegender Baustein für alle übrige christliche Theologie.

Von etlichen Theologen haben wir keine Überlieferung darüber, wie sie aussahen, so dass wir von einigen eine Phantomzeichnung anfertigen müssen.

JUSTIN DER MÄRTYRER

Im Kontext der ersten Jahrhunderte musste die frühe Kirche ihren Platz im Denken und in der Kultur ihrer Zeit finden. Die **Apologeten** versuchten ihren Zeitgenossen die Theologie zu erklären und waren dafür oft Verfolgung und harten Anschuldigungen ausgesetzt.

Justin der Märtyrer (um 100 bis etwa 165) war ursprünglich ein Philosoph und vielleicht einer der wichtigsten Apologeten. Als Philosoph kam er zu dem Schluss, die wahre Philosophie sei im christlichen Evangelium von Jesus zu finden. Er wandte sich hauptsächlich an Juden und konzentrierte sich auf die Frage, wer Jesus Christus war und was für eine Beziehung Jesus zu Gott hatte.

 Justin verwendete den Begriff des  (griechisch für das **Wort**).

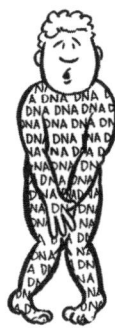 In der griechischen Philosophie verstand man darunter ein Prinzip hinter dem Universum, das allen Dingen ihre Einheit, Ordnung und Rationalität gab. Etwa so, wie die **DNA** allen lebendigen Geschöpfen ihre Gestalt und ihre Ordnung gibt.

Dieser Gedanke hat seine Wurzeln im Alten Testament, wo Gottes Wort an der **Schöpfung** und an der **Offenbarung** beteiligt ist. Für Justin war **Christus** selbst der **Logos**, der die griechischen Philosophen schon inspiriert hatte, bevor Jesus seinen Fuß auf die Erde setzte, und der in allen Menschen durch den **Logos spermatikos** (das Samen tragende Wort; den in allen innewohnenden Funken oder Samen) gegenwärtig ist.

Der Logos offenbarte sich in Teilen der antiken Philosophie, in den Visionen des Alten Testaments und schließlich in der historischen Person Jesus Christus. Auf diese Weise ließen sich also die ersten Verse des **Johannes-Evangeliums** als der in Jesus Mensch gewordene Logos Gottes interpretieren (siehe Johannes 1,1–14).

So wie die DNA schon in allen vorhanden war, bevor die Wissenschaftler sie entdeckten, so hatte nach Justins Meinung auch jeder schon den Samen des Wortes in sich und wusste etwas davon. Doch in seiner Fülle konnten die Menschen es erst erkennen, als das Wort als Mensch auf die Erde kam.

Justin verwendete das Bild des Sonnenlichtes, um die Beziehung zwischen Jesus und Gott zu erklären. Jesus, der **Sohn**, verhält sich zu Gott, dem **Vater**, so wie die Lichtstrahlen zur Sonne. In der späteren Theologie wurde das als unzutreffend erkannt, weil es den Sohn als dem Vater untergeordnet und zweitrangig darstellt.

JESUS JESUS **GOTT** JESUS JESUS

Auch über die **Schöpfung** machte Justin sich Gedanken. Meistens wurde in der Philosophie der Gedanke vertreten, das Universum sei ewig. Justin dagegen glaubte, alles habe mit einem Schöpfungsakt begonnen. Obwohl er noch nicht den Gedanken äußerte, die Welt sei **ex nihilo** (aus dem Nichts) erschaffen worden, unterstrich Justin dieses besondere und christliche Verständnis vom Ursprung des Lebens.

Mutmaßliches Jahr der Erfindung des Papiers in China durch Cai Lun	Erstes Zeugnis von Christen in Ägypten	Aufstand des Bar Kochba niedergeschlagen; Jerusalem wird den Juden verboten
105	um 125	135

Justins Bedeutung liegt darin, dass er versuchte, den christlichen Glauben in Beziehung zu den herrschenden Philosophien seiner Zeit zu setzen. Das Christentum entstand als eine Denkweise unter vielen und brauchte deshalb Leute, die den Sinn und die Vernünftigkeit eines solchen Glaubens deutlich machen konnten. Am Ende starb Justin für seinen Glauben; daher sein Beiname **der Märtyrer**.

IRENÄUS VON LYON

Gnosis ist ein allgemeiner Begriff für eine Reihe von Glaubensrichtungen und Bewegungen, die die Bedeutung der persönlichen religiösen Erkenntnis (griech. *gnosis*) für das Heil besonders unterstrichen. In der frühen Kirche war sie weit verbreitet, und bisweilen erschien sie manchen frühen Versionen des Christentums sehr ähnlich.

Irenäus (ca. 130–200) wurde etwa 178 Bischof von Lyon und entwickelte sich zu einem führenden Verteidiger des Christentums gegen die Herausforderungen durch die Gnosis.

Sein Hauptwerk …

Gegen die Häresien

versuchte wahre christliche Lehre über **Fragen des Heils** und die Anwendung der **Tradition** klar herauszustellen.

In Bezug auf die **Schrift** unterstrich Irenäus, dass die Rolle der Kirche bei der Festlegung des **Kanons** (der Gruppe von Schriften, die in die Bibel aufgenommen wurden) kein Versuch war, eine Heilige Schrift zu erschaffen, sondern sie vielmehr zu erhalten und zu bestätigen. Somit ist die Schrift etwas, das sich nicht verändert und das Autorität besitzt.

24

Bei der Auslegung der Bibel müssen Christen sich an die **Tradition der Kirche** halten, die bis auf die ersten Apostel zurückgeht.

Das stand im Gegensatz zu den Behauptungen mancher Gnostiker, die sagten, sie verfügten über **geheime Inspirationen**, wie die Bibel zu lesen sei.

Für Irenäus hingegen gab es eine traditionelle Art und Weise, die **Tradition der Schrift** auszulegen!

Eine gnostische Vorstellung war, **die Materie selbst sei böse**. Irenäus hielt mit der Frage dagegen, warum denn das Christentum, wenn das tatsächlich so wäre, Dinge wie **Brot** und **Wein** in der Anbetung so stark bejahe? Tatsache war doch, dass der Sohn des Menschen die Schöpfung bejahte, indem er selbst Mensch wurde. Indem er sich menschliche Schuhe anzog und am eigenen Leibe das Leben erfuhr, das wir alle erfahren, brachte Jesus das menschliche Leben zurück zur Vollkommenheit – er «**rekapitulierte**» das menschliche Leben.

> *Er wurde, was wir sind, um uns fähig zu machen, zu werden, was er ist.*

Das hat Konsequenzen für die Anthropologie, die Lehre vom Menschsein. Menschen sind nicht statisch oder in vorgegebenen Gleisen gefangen, sondern haben unter den richtigen Umständen die Fähigkeit zu Wachstum und Reifung.

Erste Nachrichten über Christen in Germanien

Das Christentum breitet sich bis zu den Stämmen nördlich des engl. Hadrianswalls aus

um 180   205

25

Irenäus ist bekannt für seine Auseinandersetzung mit der Gnosis. Eine weitere wichtige Widerlegung betraf die **Häresie** (Irrlehre) **des Marcionismus**.

Benannt nach dem bekannten Gnostiker **Marcion**, besagte diese Lehre, der Gott des Alten Testaments und der Gott des Neuen Testaments seien **zwei verschiedene Götter**.

ALTES TESTAMENT | **NEUES TESTAMENT**

SOHN VATER HEILIGER GEIST

Irenäus hielt dem entgegen, in der Geschichte und in der gesamten Bibel sei derselbe Gott am Werk. In der Bibel sehen wir den Heilsplan Gottes offenbart im Wirken des **Vaters**, des **Sohnes** und des **Heiligen Geistes**.

Mit Hilfe des Begriffs der «**Heilsökonomie**» versuchte er die Rolle Gottes in diesem Heilsplan zu erklären und von daher die **Gotteslehre** auf die Erfahrungen biblischen Lebens zu gründen.

DIE ROLLE DER TRADITION

Während der ganzen Zeit der Alten Kirche und auch durch die übrige Theologiegeschichte hindurch ist **die Rolle der Tradition** äußerst wichtig. **Irenäus** bekämpfte alle, die meinten, sie könnten die Bibel beliebig auslegen, wie sie wollten, ohne zu berücksichtigen, was andere Leute schon vorgedacht haben. **Tradition** wurde von den Kirchenvätern nie als zusätzliche Quelle neben den Schriften gesehen, sondern sie bewahrte die Lehre der Kirche, indem sie sie gegen Häresien schützte. Dies sollte in den Debatten mit **Arius** und anderen von Bedeutung sein, und schließlich wurde diese Tradition in **Glaubensbekenntnissen (Kredos)** festgeschrieben, um der Theologie auch für künftige Zeiten zu helfen, sich selbst zu definieren.

DREIEINIGKEIT UND CHRISTOLOGIE

Die Theologie der Alten Kirche beschäftigte sich zu einem großen Teil mit zwei bestimmten Bereichen – der **Gotteslehre** und der **Lehre von Christus**.

> Die Debatten, die sich darum drehten, können einem seltsam und sinnlos vorkommen, besonders wenn so vieles von einem bestimmten Wort oder gar nur einem Buchstaben abhängig gemacht wird. Dennoch sind diese Debatten das Herz der Theologie, denn letzten Endes geht es darin um das Wesen Gottes.

Wenn sie die **neutestament-lichen** Berichte über Jesus betrachteten, sahen die frühen Christen einen Menschen, der bald eine anbetende Verehrung auf sich zog. Die Leute nannten Jesus «**Herr**» und redeten davon, dass er Dinge sagte und tat, die eigentlich nur Gott sagen und tun konnte.

Die Frage ist also: Wie sollen wir über Jesus denken? War er bloß ein Mensch oder ein göttliches Wesen? Wie könnte ein sterblicher Mensch vollkommen und allmächtig sein? Andererseits, wie könnte ein göttliches Wesen den Tod an einem Kreuz erleiden?

MENSCHLICH  **GÖTTLICH**

ODER

Einbrechen der Germanen ins Römische Reich	Ketzer-Taufstreit	Verfolgung der Gemeindeleiter
ab 250	255–257	257–260

Die altkirchliche Theologie steckte bald die Grenzen ab.

Im Blick auf die Dreieinigkeit ergaben sich ähnliche Probleme:

War Jesus Gott und nur scheinbar ein Mensch?

Nein, denn das ignoriert die ganz reale menschliche Natur, die Jesus in den Evangelien hat.

War dann Jesus nur ein Mensch, der von Gott besonders inspiriert war?

Nein, denn wer in dieses Extrem fällt, leugnet die Stellen im Neuen Testament, die Jesus als im Wesen Gott gleich, also als göttlich, beschreiben.

Gibt es jetzt zwei Götter?

Wenn also Jesus jetzt Gott ist, was wird dann aus Gott?

Nein, denn Christen sind Monotheisten, die an nur *ein* höchstes Wesen glauben.

Hatte Jesus eine menschliche Seele?

Wenn nicht, wie könnten wir dann sagen, dass er ganz Mensch war?

Wenn nicht zwei Götter, war Jesus dann nur eine Erscheinungsform Gottes?

Wenn ja, wurde Jesus dann versucht? Und wenn er versucht wurde, war es ihm möglich zu sündigen, oder war alles nur eine Illusion?

Vielleicht, aber wenn es so wäre, wo war dann Gott, als Jesus starb? Denn wenn Jesus tatsächlich am Kreuz starb und wenn er zu diesem Zeitpunkt die einzige Erscheinungsform Gottes war, wer hielt dann in diesem Moment die Zügel des Universums in der Hand?

Bei diesen und ähnlichen Fragen geht es also um die essenzielle Natur Jesu, des Sohnes Gottes, und um die Natur Gottes selbst. Die frühe Kirche debattierte viel, doch die Antwort bestand letzten Endes darin, Grenzen abzustecken: Jesus war **ganz Mensch** und **ganz Gott**.

Bringt man den Heiligen Geist ins Spiel, so ist auf einmal von dreien die Rede. Drei Götter? **Nein**. Drei Erscheinungsformen? **Nein**. Die Grenzen wurden so gesetzt: drei Personen (**Vater**, **Sohn** und **Heiliger Geist**) in einem Gott. Das ist noch der einfache Teil. Das Schwierige war, dahinterzukommen, was das bedeutet. Und an dieser Stelle haben sich viele Theologen auf ein «**Mysterium**» berufen.

ORIGENES

Als die Theologie sich entwickelte und die christliche Kirche wuchs, teilte sie sich bald in zwei verschiedene Strömungen: das **östliche** und das **westliche** Christentum.

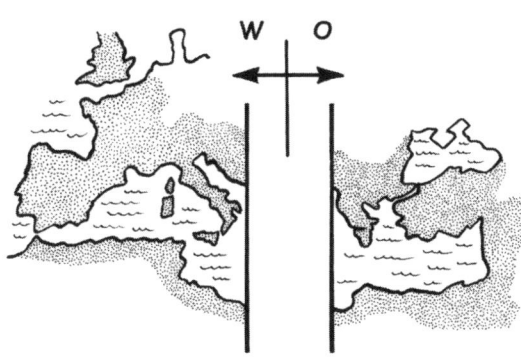

Origenes gewann vor allem im **östlichen** Denken Einfluss.

Origenes (ca. 185–254) wurde als Sohn christlicher Eltern in **Alexandria** geboren und gewann in vielen Kreisen starken Einfluss, besonders durch seine Lehrtätigkeit in **Cäsarea**. Während er sich dem Studium der Bibel widmete, entwickelte er wichtige Gedankengänge im Blick auf die Schrift.

Armenien wird christianisiert

Diokletian verkündet eine das ganze Reich umfassende Christenverfolgung

um 300   303–311

Dennoch wurde Origenes wegen seines Glaubens, die Seelen der Menschen seien **präexistent** (im Gegensatz zu dem Gedanken, dass die Seelen zu einem bestimmten Zeitpunkt von Gott erschaffen werden), und weil er an die Lehre der **Apokatastasis** glaubte (Allversöhnung; also dass letzten Endes *jedes* Geschöpf von Gott errettet werden wird), später in der Kirchengeschichte verurteilt.

 Origenes' Anliegen war die richtige Art und Weise, die **Bibel** zu lesen. Wer immer in einem der Testamente liest, stößt bald auf schwierige Stellen, die schwer zu verstehen sind. Außerdem gibt es Gedanken und Geschichten, die wenig mit dem Alltagsleben zu tun zu haben scheinen.

BUCHSTÄBLICHE BEDEUTUNG

MORALISCHER SINN

GEISTLICHER SINN

Origenes unterschied als Erster einen dreifachen Schriftsinn, und zwar analog zum «Aufbau» des Menschen: den **geschichtlichen, buchstäblichen** (Leib), den **moralischen** (Seele) und den **pneumatischen** Sinn (Geist). Der **Heilige Geist**, der dem Leser den Text auslegt, ermöglicht es diesem (je nach dem Grad seiner Erleuchtung), die **geistliche Bedeutung** hinter dem Text zu verstehen.

In der Christologie entwickelte Origenes eine Theologie, die einen Unterschied zwischen dem **Vater** und dem **Sohn** ausmachte. Beide waren von gleicher Natur, doch der Vater hatte Vorrang vor dem Sohn, weil der Sohn auf ewig vom Vater hervorgebracht wird.

GOTT

VATER

SOHN

Konstantin wird von Truppen in Britannien zum Mitkaiser ausgerufen

Kaiser Galerius und Kaiser Konstantin einigen sich auf mehr Toleranz gegenüber den Christen => Toleranzedikt von Nikomedia

306

30. April 311

30

Origenes illustrierte dies folgendermaßen:

> Wenn ein Klumpen Eisen beständig ins Feuer gehalten wird, so wird er die Hitze durch alle seine Poren und Adern aufnehmen. Bleibt das Feuer in Gang, und das Eisen wird nicht herausgenommen, so wird es vollkommen in das andere umgewandelt. Genauso ist auch die Seele, die sich beständig im Logos und in der Weisheit Gottes befindet, in allem, was sie tut, fühlt und versteht, Gott.

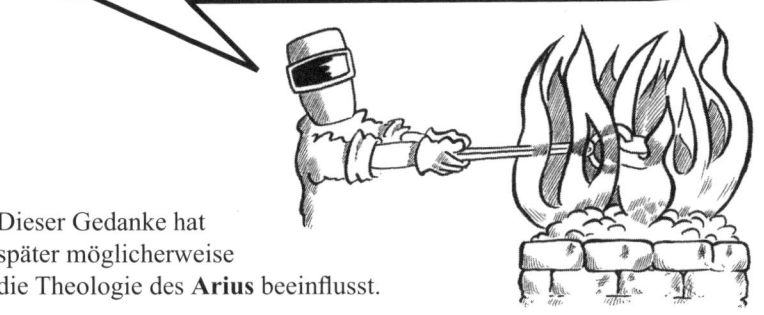

Dieser Gedanke hat später möglicherweise die Theologie des **Arius** beeinflusst.

Origenes ist ein Theologe mit vielen Facetten. Seine Vorstellung von einer Welt, in der ewige Geister das Böse wählen, Menschen werden und dann in dieser Welt (oder vielleicht auch in anderen Welten) durch Christus erlöst werden, ist komplett und durchaus attraktiv. Außerdem widerlegte er, zum Beispiel in seinem Buch **Contra Celsum** ...

Sein wichtigstes Vermächtnis an die orthodoxe Kirche sollte jedoch sein Verständnis vom richtigen Lesen der Bibel bleiben.

Gegen Celsus

Angriffe von zeitgenössischen Philosophen.

Konstantin bekehrt sich zum Christentum

Die Schlacht bei der Milvischen Brücke; Konstantin siegt, nachdem er in einer Vision ein christliches Symbol gesehen hat

Konstantin wird zum absoluten Herrscher des West-Reiches

312

TERTULLIAN

Tertullian (ca. 160 bis nach 212) war ein Anwalt und bekehrte sich erst in der Mitte seines Lebens zum Christentum. Er wurde Priester in **Karthago** und übte seinen größten Einfluss in der **Westkirche** aus. Er wurde der erste große lateinisch schreibende Kirchenvater.

Sein beachtenswertestes Werk handelt von der **Trinitätslehre**. Er verwendete als Erster den Ausdruck «**Trinität**» (**Dreieinigkeit**) und versuchte zu klären, was in diesem Zusammenhang mit «**Person**» gemeint war. Er definierte eine Person als jemanden, der bestimmte Handlungen vollbringt und Worte spricht.

Im Lateinischen bedeutet **persona** so viel wie «**Maske**». Es bezeichnet die Masken im Theater, die die Schauspieler trugen, um in verschiedene Rollen zu schlüpfen.

Wenn jedoch Gott als **eine Einheit**, **ein Wesen** *(una substantia)* und **drei Personen** *(tres personae)* beschrieben wurde, wird Tertullian damit nicht gemeint haben, dass es drei Götter gebe, sondern einen einzigen Gott, der im Lauf der Geschichte durch drei Personen handelt: **Vater**, **Sohn** und **Heiliger Geist**.

Dies wird auch eine **ökonomische** (sichtbare) **Trinität** genannt.
Wie aber sollen wir die Beziehung zwischen diesen drei Personen verstehen? Tertullian beschrieb sie als klar **abgegrenzt** (aber nicht getrennt) und **verschieden** (aber nicht abgesondert).

Allen Bürgern des Römischen Reiches wird Religionsfreiheit zugesichert => Mailänder Vereinbarung

313

Diese Definition richtete sich gegen die **Monarchianisten**, die keine Unterscheidungen in einer Gottheit sahen, die lediglich zu verschiedenen Zeiten in der Geschichte die unterschiedlichen Rollen einnahm. Tertullian schlug seinen Weg ein, weil er ihn für schriftgemäß hielt.

Im Blick auf die Schrift widersprach Tertullian den gnostischen Häresien des **Marcion**. Die ganze Bibel war seiner Überzeugung gemäß für die Kirche maßgeblich und dazu nützlich, zur Erkenntnis Gottes und zum Heil zu führen. Allerdings unterstrich er auch die Rolle der kirchlichen Tradition (die **Norm des Glaubens**, **Regula Fidei**), die nötig war, um die falschen Auslegungen der Häretiker zu verhindern.

Später schloss sich Tertullian einer Gruppe namens **Montanisten** an, die sich auf prophetische Visionen und charismatische Erfahrungen konzentrierten. Wegen ihrer extremen Auswüchse wurden die Montanisten später von der Kirche verurteilt, doch Tertullians Einfluss lebte weiter, besonders in Debatten über die **Christologie** und die **Trinität**.

Konzil von Arles wird von Konstantin einberufen	Erste Einschränkung des heidnischen Kultus	Konstantin erklärt den Sonntag zu einem Ruhetag
314	320	321

ARIUS, DER ARIANISMUS UND NIZÄA

Arius (um 260–336), eine berüchtigte Gestalt dieser Zeit, und seine Anhänger erzwangen eine der größten Debatten in der frühen Kirche sowie die Einberufung eines Konzils, um eine endgültige Lösung dafür zu finden.

Arius war ein Priester in **Alexandria**, der wegen seiner Ansichten **exkommuniziert** wurde. Er glaubte an Gottes **Einzigartigkeit** und konnte deshalb nicht akzeptieren, dass Gott mehr als einer sein sollte. Das hieß, dass der Sohn, obwohl er ein besonderes Geschöpf und als Erster erschaffen und vollkommen war, **nicht Gott gleich war**.

GOTT

JESUS

EINE EINHEIT, EIN WESEN

VATER   SOHN

Die Kontroverse verschärfte sich, und schließlich berief der römische Kaiser **Konstantin I. im Jahr 325 ein Konzil in Nizäa** ein. Das erste große ökumenische (also die ganze Christenheit zusammenbringende) Konzil formulierte ein Glaubensbekenntnis, um dem **Arianismus** entgegenzutreten. Das Konzil hielt fest, dass der Sohn von **demselben Wesen** war wie der Vater, denn der Sohn sei vom Vater **gezeugt** – also nicht aus dem Nichts erschaffen, sondern aus dem Vater. Der entscheidende Begriff ist *homoousios* (wesenseins), der bekräftigt, dass der Sohn «**eine Einheit, ein Wesen mit dem Vater**» ist. Obwohl das Wort in der Bibel nicht direkt vorkommt, machte es deutlich, dass die Ansichten des Arius ausgeschlossen waren.

*Allerdings hatte das Konzil nicht die gewünschte Wirkung, denn der Arianismus wurde nur zum Schweigen gebracht, tauchte aber später wieder auf. Die eigentliche Wirkung bestand darin, die Kirche in zwei Teile zu spalten. Es gab diejenigen, die gegen Arius **die Einheit Gottes** bekräftigten (ohne die drei Personen zu leugnen), und diejenigen, die (eigentlich in Anlehnung an Origenes, nicht an Arius) **die Dreiheit Gottes** bekräftigten (ohne seine Einheit zu leugnen).*

Obwohl dies eine der wichtigsten Debatten in der Theologie war, kann sie oft irrelevant erscheinen. Doch die wesentlichen Fragen bleiben: Wie kann Gott zugleich einer und drei sein? Und wie kann Jesus zugleich Gott und Mensch sein? Die Antworten auf diese Fragen würden für alle weitere Theologie grundlegend sein.

Das Christentum wird zur Staatsreligion erhoben	Austragung der letzten Olypmischen Spiele der Antike	Kaiser Theodosius verbietet alle Formen heidnischer Religion
um 380	ca. 392	um 394

ATHANASIUS

Zu diesem ganzen Lehrgebräu trugen viele verschiedene Kirchenmänner etwas bei. Etliche davon waren von herausragender Bedeutung, am meisten vielleicht **Athanasius**.

Athanasius (ca. 297–373), der in **Alexandria** studiert hatte, war der Assistent eines der Bischöfe, die dem **Konzil von Nizäa** beiwohnten. Von dorther behielt er eine starke Abneigung gegen den Arianismus. Von 328 bis zu seinem Tod war er Bischof von **Alexandria**.

Der Schlüssel zu Athanasius' Theologie und zu seiner entscheidenden Rolle in der Kirchengeschichte ist das, was er über die **Lehre von Christus** zu sagen hatte. Sein Buch *De incarnatione ...* wurde zur Verteidigung des Gedankens geschrieben, Jesus sei tatsächlich **Gott in menschlicher Natur**.

> Über die Inkarnation

Seine Argumentation richtete sich gegen die **Arianer**, die glaubten, Christus sei nicht im vollen Sinne Gott gewesen, und ebenso gegen manche Anhänger des **Origenes**.

Athanasius lehrte, wenn Christus nicht Gott wäre, so wäre **Jesus als Retter** ein unmöglicher Gedanke. Denn wie könnte ein Geschöpf ein anderes retten? Zum Wesen eines Geschöpfes gehört die Bedürftigkeit, gerettet zu werden.

> *Rette mich!*

Wäre Jesus wie jedes andere Geschöpf, dann wäre eine Rettung durch Christus nicht möglich. Falls Arius mit seiner Christologie recht gehabt hätte, so hätte sich die Kirche des **Götzendienstes** schuldig gemacht, also der Anbetung von etwas anderem als Gott. Die Kirche muss auf Gott schauen und auf das, was er getan hat, nicht auf das, was *wir* denken und argumentieren.

> *Denn er wurde Mensch, damit wir göttlich werden könnten.*

Obwohl er nach dem **Konzil von Nizäa**, als der Arianismus wieder an Bedeutung gewann, mehrere Male ins Exil gehen musste, hatte Athanasius einen enormen Einfluss.

> *Er griff nicht nur den Arianismus an, sondern trug auch zur Versöhnung bei zwischen den **Antiochiern** im Westen, die die «Einheit» in Gott betonten, und denen im Osten, die (**Origenes** folgend) die «Dreiheit» betonten.*

Diese Versöhnung zeigt sich bei den kappadokischen Kirchenvätern und beim Konzil von Konstantinopel.

Berühmt wurde Athanasius auch dafür, dass er die 27 Bücher des **Neuen Testaments** als **kanonisch** anerkannte, was er im Jahr 367 in einem Brief tat. Sein bleibender Einfluss ist jedoch in seiner Lehre von Christus und damit in der Gotteslehre zu sehen.

Das Neue Testament

Eine der aktuellen Fragen, die Muslime immer wieder an Christen stellen, ist die, wie Gott drei und einer zugleich sein könne. Wie hätte Athanasius darauf geantwortet?

DIE KAPPADOKI-SCHEN VÄTER

Die Frage der **Christologie** und dann die der Definition der **Trinität** wurde weiter diskutiert. Drei Gestalten aus **Kappadozien** schalteten sich in die Debatte ein:

Basilius von Cäsarea,   sein Bruder **Gregor von Nyssa**   und **Gregor von Nazianz**.

Tagchen!

Sehr erfreut!

Hi!

Jeder der drei war von Bedeutung, doch vor allem sind sie als **Gegner des Arianismus** und für ihre Mitwirkung bei der Erarbeitung einer Definition der Trinität in die Geschichte eingegangen. Aufbauend auf dem, was vorausgegangen war, versuchten sie, den Gedanken, Gott sei eine Wesenseinheit (*homoousios*) in drei Erscheinungsformen (*hypostasas;* Hypostasen = Personifizierung göttlicher Eigenschaften), mit Inhalt zu füllen.

Um das zu verstehen, müssen wir die Gedanken der **Universalien** (das Ganze) und der **Partikularen** (kleinere Einheit innerhalb des Ganzen) verstehen.

Es gibt eine universelle Vorstellung von **Hunden**. Innerhalb dieses Allgemeinbegriffs (Universalie) jedoch gibt es konkrete Fälle davon, was es heißt, ein Hund zu sein, zum Beispiel ein **Terrier** oder ein **Pudel**.

Dasselbe gilt für viele Dinge: für Stühle, Tische und auch für Menschen. Ebenso ist die **eine Einheit** die Universalie

«Gott». Und die **drei Hypostasen** sind konkrete Fälle davon, was es heißt, Gott zu sein, nämlich **Vater**, **Sohn** und **Heiliger Geist**.

Ihr Verständnis der Trinität entwickelte sich also in Abgrenzung zu den **Arianern** und den **Mazedoniern** (die die Göttlichkeit des Heiligen Geistes verneinten).

 Die drei Kappadokier brachten viele Stränge des frühchristlichen Denkens zusammen. Darüber hinaus widerlegten sie viele Häresien. Dazu gehörte auch der **Apollinarismus**, der glaubte, Jesus habe keine menschliche Seele gehabt, worauf die Kappadokier antworteten, Jesus müsse voll und ganz Mensch gewesen sein, um voll und ganz retten zu können.

KONSTANTINOPEL

Ihr wichtigster Beitrag war jedoch der zur **Trinitätslehre**. Auf dem **Konzil von Konstantinopel** im Jahr 381 beteiligten sich die beiden **Gregors** aktiv an einem Treffen, das die Dekrete von **Nizäa** bekräftigte und den **Heiligen Geist** in die Formulierungen mit aufnahm.

AMBROSIUS

Ein weiterer Gegner des Arianismus, **Ambrosius** (339–397), wurde in einer vornehmen römischen Familie geboren und war Gouverneur, bevor er 374 zum Bischof von **Mailand** ordiniert wurde. Er griff den Arianismus sowohl theologisch als auch politisch an und reflektierte über das Wesen der Beziehung zwischen der Kirche und dem Staat. Nach seiner Überzeugung veränderten die Elemente (Brot und Wein) des Abendmahls während des Sakraments ihre Natur, und damit ebnete er der **Transsubstantiationslehre** den Weg. Bekannt wurde er auch dafür, dass er **Augustinus** unterwies und taufte.

Der hl. Patrick beginnt mit der Evangelisierung der Iren	Die letzte römische Legion verlässt Britannien	Rom wird von den Westgoten erobert
405	406	410

AUGUSTINUS

Aurelius Augustinus (354–430), den man wohl als den berühmtesten und einflussreichsten der Kirchenväter bezeichnen kann, ließ kaum einen Bereich der christlichen Theologie unberührt. Er glaubte, mit 32 Jahren von Gott auf wunderbare Weise dazu geführt worden zu sein, den Brief des Paulus an die Römer zu lesen, und durch diese Lektüre bekehrte er sich. Ein Großteil seiner Energie floss in seine Schriften gegen den **Manichäismus**, eine weithin einflussreiche gnostische Gruppe seiner Zeit, und somit gegen verschiedene Überzeugungen wie den **Determinismus**, den **Dualismus** und die manichäische Schriftauffassung. 395 wurde er Bischof von **Hippo**, wo er sich in heftige theologische Debatten verwickelte.

Sein großes Werk *De civitate Dei ...* zeichnete ein Bild zweier Staatswesen, des Weltstaates und des Gottesstaates, und der Gegensätze zwischen ihnen. Das Endergebnis ist eine systematische Darstellung des gesamten christlichen Glaubens, wie sie bislang noch nie erreicht worden war.

Der Gottes-staat

Seine theologischen Auseinandersetzungen spielten sich an vielen Fronten ab. Die Frage der **Gnade** und des **freien Willens** beschäftigte ihn in der Kontroverse mit dem **Pelagianismus**.

Benannt nach dem britischen Mönch **Pelagius** argumentierte diese Lehre für die Notwendigkeit moralischer Leistung und Besserung in den Reihen der christlichen Kirche. Dies vermittelte den Eindruck, als habe die Gnade – die bedingungslose Liebe und Barmherzigkeit Gottes – keinen Platz im Heilsplan.

Dagegen beharrte Augustinus darauf, die Gnade sei unerlässlich für das christliche Leben, und zwar für seinen Beginn, seine Fortsetzung und sein Ende. Tatsächlich seien Männer und Frauen so vollkommen verderbt, dass sie ohne Gott nicht einmal auf das Evangelium antworten könnten.

Warum sind Menschen unfähig, zu Gott zu kommen? Augustinus' Lehre vom **Sündenfall** besagte, alle Männer und Frauen seien gegen Gott eingenommen, indem sie durch die **Ursünde** befleckt seien. Das bezieht sich nicht nur auf die erste Sünde von Adam und Eva, sondern auf die Tatsache, dass alle von Natur aus böse sind, weil alle an jener **ersten Sünde** teilgenommen haben.

Wie steht demnach Pelagius da? Augustinus zufolge hoffnungslos – denn diese lähmende Situation lässt sich nur durch Gottes Eingreifen beheben.

Tatsächlich glaubte Pelagius, Menschen hätten die Fähigkeit, sich zu bessern und **sich selbst zu retten**, und sah das Heil als eine Belohnung für **gute Werke**. Diese zentrale und knifflige Frage wurde auf dem **Konzil von Karthago** (418) geklärt, wo die Ansichten des Pelagius verurteilt wurden. Freilich war das noch nicht das Letzte, was von solchen Ansichten zu hören sein sollte …

KARTHAGO

Um die Kirche und die Sakramente ging es in den Debatten mit den **Donatisten**. Sie meinten, die Kirche sei ein exklusiver Ort für die Geretteten, an dem für Sünder kein Platz sei.

Während der Verfolgung unter **Kaiser Diokletian** lieferten manche Christen ihre Schriften aus und wurden daraufhin von den Donatisten des Verrats an der Kirche beschuldigt. Deshalb sollten diese **Traditoren** (Aushändiger heiliger Schriften und Dinge) ausgeschlossen werden, forderten sie.

Augustinus hielt dem entgegen, die Kirche sei ein Gemisch aus Heiligen und Sündern und werde erst am Ende der Zeit vollkommen gemacht werden. Wir können sie als Menschen nicht auseinanderhalten, aber das spiele auch keine Rolle, denn es war nicht die Heiligkeit der Geistlichen, die für eine heilige Kirche notwendig war, sondern die Heiligkeit Christi. Wenn also ein Priester das Sakrament der Messe (das **Abendmahl**) darbringt, dann ist dabei das Opfer Christi am Kreuz das Entscheidende, nicht das, was der Priester getan oder unterlassen hat. Diese Ansichten hatten wichtige Konsequenzen für die **Ekklesiologie** (die Lehre von der Kirche).

MENSCH

GEIST   LIEBE

ERKENNTNIS

Schließlich leistete Augustinus auch seinen Beitrag zur **Trinitätslehre**. Er schloss den **Geist** in die **Gottheit** mit ein und verneinte jeden Gedanken einer **Unterordnung**. Aber wie funktionierte die Trinität? Augustinus verwendete mehrere Modelle, um das zu veranschaulichen. Im menschlichen Bereich sehen wir ein Terzett aus **Geist**, **Erkenntnis** und **Liebe**, das in unseren rationalen Prozessen aktiv ist. Eine Parallele zu diesem Terzett sind **Gedächtnis**, **Verstand** und **Wille**. Solche Terzette sind Bilder dafür, wie Gott in sich ist: drei «**Teile**», die in einem «**Ganzen**» zusammenhängen.

Ein wichtiger Punkt in dieser Trinitätslehre ist die Bestätigung des **Ursprungs des Heiligen Geistes**. Um diese Frage dreht sich der sogenannte **Filioque**-Streit («und dem Sohn»). Ging der Geist nur vom Vater allein aus? Oder sowohl vom Vater als auch vom Sohn?

Die griechischen Theologen hielten an der Unterscheidung fest und vertraten die Ansicht, der **Geist gehe vom Vater aus**, während der Sohn vom Vater gezeugt sei. Darum ist Gott der Vater die einzige Quelle des Seins, es gibt keine zwei verschiedenen Quellen.

Augustinus dagegen war der Meinung, da Jesus seinen Jüngern den Geist gegeben habe, **gehe der Geist sowohl vom Vater als auch vom Sohn aus.**

VATER

HEILIGER GEIST   SOHN

VATER   SOHN

HEILIGER GEIST

Die Bedeutung, die er den Beziehungen innerhalb der Trinität beimaß, führte ihn zu dieser Schlussfolgerung.

Letzten Endes trug diese Debatte zur Spaltung zwischen der **Ostkirche** und der **Westkirche** bei (ca. 1054); sie ist bis heute nicht beigelegt.

Es wäre ein Fehler, sich mit christlicher Theologie zu befassen, ohne Augustinus zur Kenntnis zu nehmen. Ob man ihn nun liebt oder hasst, er ist zum **Vater** aller späteren **orthodoxen** (rechtgläubigen) **Theologie** geworden, der katholischen wie der protestantischen.

KONZIL VON EPHESUS

431

Je weiter sich die Theologie entwickelte, desto mehr Fragen ergaben sich.

Wenn Jesus Gott und Mensch war, welche Rolle kam dann **Maria** zu?

War sie die Mutter des Menschen Jesus, aber nicht die des göttlichen Jesus?

Im 5. Jahrhundert behauptete **Nestorius**, Maria könne nur die Gebärerin des menschlichen Wesens Christi genannt werden, womit er die Trennung zwischen seiner menschlichen und seiner göttlichen Natur betonte.

menschlich   **göttlich**

Die Folge war, dass eine echte Einheit zwischen der menschlichen und der göttlichen Seite verneint wurde. **Kyrill von Alexandria** trat dieser Auffassung entgegen, und unter **Kaiser Theodosius II.** wurde das **Konzil von Ephesus** einberufen. Dort wurde die Bezeichnung «**theotokos**» befürwortet, die besagte, Maria sei die Gebärerin Gottes des Sohnes. Damit wurde die Einheit der Person Christi als **sowohl Gott als auch Mensch** betont.

KONZIL VON CHALCEDON

Ein weiteres Konzil fand in **Chalcedon** statt, und dort sollte die bis dahin wichtigste Aussage über Christus getroffen werden. Das Konzil wurde von **Papst Leo I.** (Papst von 440 bis 461) einberufen, der die Christologie des **Eutyches** bekämpfte. Dieser vertrat eine Form des **Monophysitismus** (der Lehre, Christus habe nur eine Natur – und diese Natur sei göttlich). Allerdings vermischte Eutyches die beiden Naturen miteinander und verwischte so den Unterschied zwischen dem Göttlichen und dem Menschlichen. Vor dem Konzil hatte Leo einen dicken Brief an **Bischof Flavian** in **Konstantinopel** geschrieben, um diesen Ansichten entgegenzutreten. Aus Leos Sicht behauptete Eutyches, in Christus sei kein wirkliches menschliches Fleisch vorhanden, das von Maria abstammte. Das Konzil führte dann Leos Vorarbeit weiter und legte fest, Jesus Christus sei eine göttliche Person in zwei Naturen, einer menschlichen und einer göttlichen. Christus sei **homoousios** (wesenseins) mit dem Vater und mit der menschlichen Natur und «**kundgemacht in zwei Naturen ohne Verwirrung, ohne Wandel, ohne Unterscheidung, ohne Trennung**».

göttlich   menschlich

BOËTHIUS

Boëthius (ca. 480–524), Sohn römischer Eltern, war ein Denker, der in Rom zu erheblichem politischem Einfluss gelangte. Später allerdings wurde er beschuldigt, Verratspläne geschmiedet zu haben, und schließlich hingerichtet.

Denk mal darüber nach, Boëthius!

Zu einer Zeit, in der das Bildungswesen größtenteils der Kontrolle der Kirche unterstand, war Boëthius einer der wenigen, die ein Interesse an der Welt der **Philosophie** wachhielten.

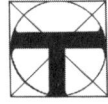 Boëthius' Hauptziel war es, das Christentum mit der **griechischen Philosophie** von Leuten wie **Aristoteles** und den **Neuplatonikern** zu verbinden. Ob er noch zur «Alten Kirche» oder schon ins «Mittelalter» zu rechnen ist, darf diskutiert werden.

Es war weitgehend nur seinem Werk zu verdanken, dass die Tradition der Philosophie lebendig erhalten wurde, bis Leute wie **Anselm** und **Thomas von Aquin** wieder daran anknüpften.

Erstes Schisma zwischen Ost- und Westkirche	Taufe König Chlodwigs I.; Christianisierung der Franken	Einwanderung der Slawen in Ostdeutschland
484–519	um 498	um 500

Boëthius glaubte, das «höchste Gut», ein Begriff, der von den Philosophen verwendet wurde, sei dasselbe wie der **christliche Gott**.

Während seiner Kerkerhaft schrieb er (im Jahre 523) das Buch …

Der Trost der Philosophie

in dem er sich sowohl mit dem Wesen der **Philosophie** als auch mit dem **Gottesbegriff** beschäftigte. Das Werk ist dafür kritisiert worden, dass es sich zu sehr auf die Philosophie stütze und die Rolle des Glaubens und der Schriften ignoriere. Boëthius schien seiner **Philosophie** mehr zu vertrauen als seinem **Glauben**, und obwohl er Christ war, schien ihm die **neuplatonische** Philosophie noch wichtiger zu sein.

Boëthius eröffnet die Debatte über die Beziehung zwischen Philosophie und Glauben: Welche Rolle kommt der Philosophie zu? Lassen sich die beiden miteinander verbinden? Und welches davon ist das Wichtigere? Kann man Theologie treiben ohne Philosophie, oder sind die beiden einander gar entgegengesetzt?

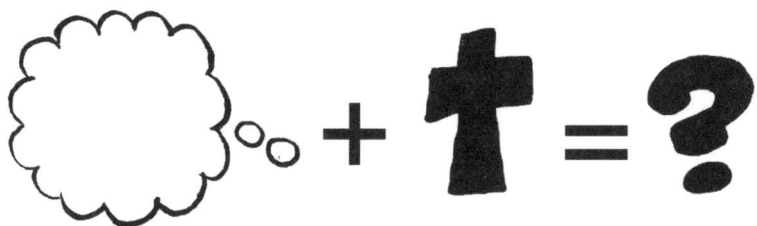

MAXIMUS CONFESSOR

Viele Theologen im Westen ignorieren allzu leicht die **östlichen Theologen**, die ihre eigene Tradition fortführten.

Die östliche Theologie beschäftigte sich weiter mit der **Christologie**, und zur Zeit des **Maximus** (ca. 580–662) unterstrich sie, es habe nur einen Willen in Christus gegeben, um es der Seite der Monophysiten recht zu machen.

JESUS

menschlich   **göttlich**

Maximus, Sekretär des Kaisers Heraklios, der dann Mönch wurde, widersprach dem. Er trat für den Gedanken ein, in Christus habe es zwei Willen gegeben, einen **göttlichen** und einen **menschlichen**.

Er wurde 653 festgenommen und nach **Byzanz** verschleppt, wo er bestraft wurde, weil er sich weigerte, seine Ansichten zu widerrufen.

Maximus übte auch Einfluss auf die Entwicklung der **mystischen Theologie** aus, die als Ziel des christlichen Lebens die mystische Gottesschau verfolgt.

JOHANNES VON DAMASKUS

Johannes (ca. 650 bis vor 754), Sohn einer christlichen Familie, wurde schließlich Mönch in der Nähe von **Damaskus** und bekannt für die **Bücher** und **Choräle**, die er schrieb. Er war ein Systematiker, folgte der **trinitarischen** Theologie der **kappadokischen Kirchenväter** und bejahte die Einheit Christi in **zwei Naturen**. Er trat für die **Askese** ein, den Rückzug der Kirche aus der Welt und ihren Verlockungen, und verteidigte den Gebrauch von **Ikonen** und **Bildern** im Gottesdienst gegen die Angriffe der **Ikonoklasten** (wörtlich: Bilderzerbrecher). Diese Themen haben mit der Schöpfungs- und Erlösungstheologie zu tun.

NIZÄA II

An der Frage der **Ikonen** entzündete sich eine Kontroverse, die auf dem zweiten Konzil von Nizäa (787) geklärt werden sollte, wo festgehalten wurde, aufgrund des Geschehens der **Inkarnation**, bei der Christus als ein Geschöpf zu uns kam, sei es akzeptabel, Christus in bildlicher Form darzustellen. Diese Entscheidung wurde letzten Endes während der **Reformation** von den **Protestanten** zurückgewiesen, jedoch von der **römischen Kirche** akzeptiert, und sie gewann zunehmende Bedeutung für die **Ostkirche**.

Es gab noch viele weitere Debatten in der frühen Theologie, viele weitere große Theologen und viele großartige Beispiele christlicher Gelehrsamkeit. Sie alle übten großen Einfluss auf die Kirche aus.

Für mehr als einen kurzen Überblick reicht der Platz hier nicht, doch gegen Ende dieser Zeit, während des achten Jahrhunderts, erschien ...

Darin enthalten sind Aussagen, die bis auf das zweite Jahrhundert zurückgehen, doch es fungiert als Zusammenfassung des christlichen Glaubens und ist ein Produkt der vielen Konzile, Debatten und Bekenntnisse, die wir gesehen haben.

Es ist ein Bindeglied zwischen der Alten Kirche und dem Rest der Kirchengeschichte, denn es verkörpert die Theologie jenes Zeitalters, das noch heute den Gottesdienst und das Leben von Millionen Christen prägt.

DAS MITTELALTER

Diese geschichtliche Periode zwischen dem Untergang des **Römischen Reiches** und dem Beginn der **Renaissance** wird oft als eine Phase der Kirchengeschichte gesehen, in der sich Denken und Praxis im Niedergang befanden.

Während es am Anfang dieser Periode nach Niedergang ausgesehen haben mag, dachten Theologen auch weiterhin über die Welt und Gott nach, meist im Kontext einer religiösen Gemeinschaft.

Um das **dreizehnte Jahrhundert** war viel neues und radikales Denken erforderlich angesichts der nun wiederentdeckten Philosophien, besonders der Werke des **Aristoteles**. Auch wenn sich die Kirche gegen Ende des Mittelalters im Niedergang zu befinden schien, sollte diese Zeit als entscheidende Phase der Theologie nicht vergessen werden. Immer wieder versucht die Theologie den Glauben zu verstehen und ihn in den Kontext der jeweiligen Zeit zu stellen. Dies war im Mittelalter ebenso der Fall wie zuvor in der Alten Kirche und auch heute noch.

ANSELM VON CANTERBURY

Während des zehnten und elften Jahrhunderts kam eine Bewegung auf, die **Scholastik** genannt wird. Das Bildungswesen verlagerte sich aus der Kirche in andere Institutionen des Lernens, und der wachsende Einfluss der Philosophie musste verstanden und mit der christlichen Theologie in Verbindung gebracht werden. Logik, Vernunft, Verständnis – all dies und mehr waren Merkmale dieser Bewegung, die sich bemühte, den Glauben besser zu verstehen.

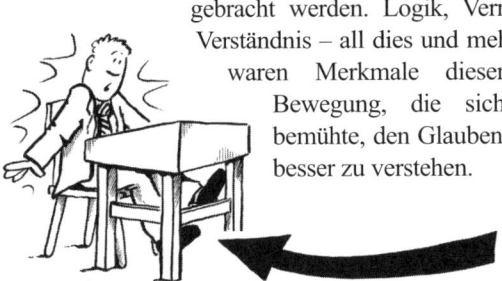

Anselm (ca. 1033–1109) wurde in Italien geboren, reiste dann jedoch als Mönch in die Normandie, und schließlich ging er 1093 nach Canterbury, um Erzbischof zu werden. Er gilt vielfach als einer der Begründer der Scholastik, und er brachte Theologie und Philosophie zusammen.

Anselms Ansicht nach konnten Menschen zwar nicht durch Philosophie zu Gott kommen, aber sie konnte ihnen helfen, das Geglaubte zu verstehen. Die Schlüssigkeit des christlichen Glaubens war durch die **Vernunft** zu erklären. Davon ausgehend schrieb Anselm das …

Mono-logion

das einen «Beweis» für die Existenz Gottes lieferte. Das Argument lautete: Da wir verschiedene Arten von «Gutem» sehen können, muss es ein höchstes «Gutes» geben. Um aber im höchsten Sinne gut zu sein, muss es auch im höchsten Sinne groß sein, das größte aller Wesen, also Gott.

Otto I. wird in Rom zum römisch-deutschen Kaiser gekrönt; Beginn der deutschen staatlichen Tradition	Zerstörung der Grabes-kirche in Jerusalem	Wikinger beherrschen England
962	1009	1013

Dieses Argument funktioniert unter der Voraussetzung, dass Universalien (Begriffe wie «Hund», «Mensch», «Tisch» und «Stuhl») de facto wirklicher seien als konkrete Beispiele und Fälle dafür (wie etwa Pudel und Terrier im Fall des universellen «Hundes»).

Heute mag ein solches Argument wenig überzeugend sein, doch für Anselm und seine Zeitgenossen war es wegen der damals herrschenden platonischen Philosophie wichtig.

Später, im ...

lieferte Anselm ein klassisches Argument für die Existenz Gottes, den sogenannten **ontologischen Gottesbeweis**. Dieser definierte Gott als «das, worüber hinaus nichts Größeres gedacht werden kann». Gott muss existieren, um das größte Wesen zu sein. Würde er nicht existieren, so wäre er nicht jenes größte Wesen.

Wenn Gott nicht existierte, könnten wir uns etwas Größeres vorstellen, nämlich einen Gott, der existiert. Da wir uns diesen größeren Gott vorstellen können, muss Gott selbst existieren, denn sonst gäbe es etwas noch Größeres. Also existiert Gott.

Verwirrend? Ein Mitmönch namens **Gaunilo** forderte Anselm mit dem Werk *Was ein Namenloser anstelle des Toren darauf erwidern könnte* heraus, weil Anselm überzeugt gewesen war, der ontologische Gottesbeweis sei stark genug, um selbst einen Toren zum Glauben zu führen! Anselm ordnete später an, dass sein Argument nur zusammen mit Gaunilos Kritik und seiner Erwiderung veröffentlicht werden durfte – was leider nicht immer geschah.

Neben solchen Argumentationen ist Anselm auch bekannt geworden für eine weitere Schrift, nämlich (siehe nächste Seite!):

Cur Deus Homo?

«Warum ist Gott Mensch geworden?» Dies ist eine Auseinandersetzung mit der Inkarnation und mit dem Kreuz (an die Anselm aufgrund der Offenbarung glaubte, nicht aufgrund eines Argumentes). Durch die Sünde hatten die Menschen Gott die ihm zustehende Ehre verweigert. Also ist eine **Genugtuung** für diese verweigerte Ehre nötig. Entweder indem die Menschen bestraft werden, oder indem Gott etwas dargebracht wird, das ihm diese Genugtuung verschafft. Die Menschen konnten nicht auf diese Weise bestraft werden, sondern die Genugtuung konnte nur von Gott selbst geleistet werden. Was konnte Gott also tun? Die Antwort ist, dass er Mensch wurde, ein Gott-Mensch, so dass die Menschheit die Genugtuung darbrachte, aber Gott den Preis dafür bezahlte. Diese Genugtuung fand am Kreuz statt, und deshalb war der Tod Christi, des Gott-Menschen, notwendig.

GENUGTUUNG GELEISTET

Anselms Vermächtnis in der Philosophie und Theologie ist groß. Sein Verständnis des Sühnegeschehens hatte einen gewaltigen Einfluss auf die christliche Welt, und wenn er auch die Vernunft für den Geschmack mancher etwas zu weit getrieben haben mag, wurden seine Argumente von vielen Philosophen und Theologen späterer Zeiten aufgegriffen.

In *Cur Deus Homo?* verwendete Anselm den Gedanken der **Ehre**.

Manche wenden ein, heute sei seine Argumentation nicht mehr so überzeugend, weil wir nicht mehr in einer Feudalgesellschaft leben, in der die Untertanen ihrem König Ehre schulden.

Ist das fair? Und inwieweit ist unser theologisches Denken heute von unserem Kontext bestimmt (der Gesellschaft, Kultur und Welt, in der wir leben)?

PETRUS ABAELARDUS

Petrus Abaelardus (auch Peter Abaelard; 1079 bis ca. 1142) wurde in der Bretagne geboren und von zwei bekannten Philosophen, **Roscelin** und **Wilhelm von Champeaux**, unterrichtet. Berühmt wurde er nicht nur für seine Theologie, sondern auch für seine Liebesaffäre mit **Heloise**, die in Tragik und Demütigung endete.

Die beiden Mentoren des Abaelardus lehrten gegensätzliche Vorstellungen über **Universalien**.

Hunde

Roscelin war ein **Nomina- list** (der glaubte, Universa- lien seien nur eine Konven- tion oder ein Name).

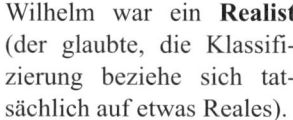

Wilhelm war ein **Realist** (der glaubte, die Klassifi- zierung beziehe sich tat- sächlich auf etwas Reales).

Eine der Leistungen des Abaelardus war es, zwischen diesen beiden Po- sitionen zu vermitteln, indem er sagte, die universelle Idee sei ein Begriff

Heinrich IV. macht seinen
Gang nach Canossa

Beginn des ersten
Kreuzzugs

1077

1096

in unserem Geist. Doch dieser Begriff existiere bereits, bevor irgendein Element in dieser Kategorie erschaffen sei. Auf diese Weise fand Abaelardus einen Mittelweg. Seine Position blieb über Jahrhunderte hinweg sehr verbreitet.

Abaelardus schrieb *Sic et Non* («Ja und Nein»), in dem er die **dialektische** Methode des Argumentierens verwendete, bei der man dadurch zur Wahrheit gelangt, dass man alle Fragen zusammen abwägt. Wahrheit ist nicht dadurch zu erlangen, dass man sich einfach auf die Tradition beruft (obwohl Tradition von entscheidender Bedeutung ist), sondern auch durch den Gebrauch der Vernunft. Zweifeln und Fragen waren für Abaelardus wichtig, so dass die Vernunft dazu dienen konnte, Christen zu zeigen, was sie glauben sollten (statt wie bei Anselm nur dazu, den Christen zu erklären, was sie bereits glaubten).

Dem Sühnegeschehen etwa näherte sich Abaelardus folgendermaßen:

Einem vorherrschenden Verständnis zufolge war Christus gestorben, um das Lösegeld zu bezahlen, das Gott dem Teufel (der die Menschheit gefangen hielt) schuldig war.

Doch diesen Gedanken lehnte Abaelardus ab, ebenso wie die Vorstellung, das Lösegeld sei an Gott selbst entrichtet worden.

Stattdessen sei Christus als äußerstes Beispiel für Gottes Liebe zur Menschheit gestorben. Dies wird als die Sühnetheorie des «**moralischen Einflusses**» bezeichnet.

Abaelardus ging die ersten Schritte in Richtung einer moderneren Denkweise, bei der die Vernunft eine größere Rolle spielt.

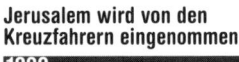

BEISPIEL FÜR GOTTES LIEBE

Auch seine Gedanken über das Kreuz waren von großer Bedeutung und wurden in hohem Maß vom modernen **liberalen Protestantismus** übernommen.

Wird Abaelardus' Sühnetheorie allem gerecht, was die Schrift über den Tod Christi sagt? Sie mag Teil der Geschichte sein, aber wenn es keine andere Erklärung gäbe, würde der Tod Christi dann tatsächlich Gottes Liebe zeigen, oder wäre er stattdessen ein Akt des Scheiterns auf der ganzen Linie?

PETRUS LOMBARDUS

Petrus Lombardus (ca. 1100–1160) lehrte in Paris und wurde 1159 Bischof. Bekannt geworden ist er für seine …

Libri quatuor Sententiarum

die während dieser Periode zu einem theologischen Standardwerk wurden. Seine Theologie der **Sakramente** definierte erstmals eine Liste von sieben …

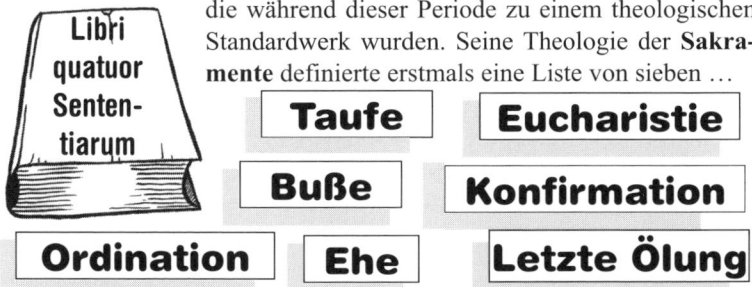

Taufe **Eucharistie**

Buße **Konfirmation**

Ordination **Ehe** **Letzte Ölung**

… im Gegensatz zu einer ständig wachsenden Liste von über dreißig. Anstatt ein Sakrament als rein äußerliches Zeichen eines inneren Gnadenerweises aufzufassen, behauptete Lombardus, auch der Akt selbst sei eine **wirksame Ursache** jener Gnade. Das heißt, zum Zeitpunkt des Sakraments geschehe etwas Besonderes, etwas, das durch diesen Akt verursacht wurde. Dieses Denken blieb in der römisch-katholischen Kirche vorherrschend, während die protestantischen Reformatoren Einspruch dagegen erhoben.

FRANZ VON ASSISI

Während dieser Periode der Kirchengeschichte war das christliche Leben, Denken und Handeln in religiösen Kommunitäten verankert. Dies waren Orte, an denen Leute (meist Männer), die dem Glauben hingegeben waren, ihr ganzes Leben verbrachten, sich mit Theologie und Philosophie beschäftigten und inmitten einer zutiefst religiösen Gruppierung über die Welt nachdachten.

Franz (1182–1226) wuchs inmitten von Luxus auf und träumte vom Ruhm.

Schließlich gründete er 1208 eine Ordensgemeinschaft, deren Mitglieder als **Franziskaner** bekannt wurden.

Doch schon in jungen Jahren erlebte er eine dramatische religiöse Bekehrung. Die Folge war, dass er, nur mit einer Kutte bekleidet, durch die Landschaft zog und eine wachsende Gruppe von Anhängern unterwies.

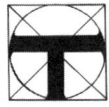

Franz' Ziel war es, das Leben Christi nachzuahmen. Dies erreichte er durch demütige Frömmigkeit, Armut und einfaches Leben. Bekannt ist er für seine Liebe zur Natur. Man sagt ihm nach, er habe den Vögeln eine Predigt gehalten und gesagt:

Meine Brüder Vögel, hoch solltet ihr euren Schöpfer preisen und ihn lieben ...

Darüber hinaus begegnete er in einer Gesellschaft, die Frauen oft viel niedriger einstufte als Männer, den Frauen mit Ehrerbietung.

Franz war dem Papst gehorsam. Und so fand eine radikale Gruppe von Christen, die ihr Leben inmitten des Restes der Welt führten, Aufnahme in der Hauptströmung der Kirche.

Franz zog sich in die Einsiedelei auf dem Alvernerberg zurück, wo er 1224 die «**Stigmata**» empfing, nachdem er über die Leiden Christi meditiert hatte. Dies sind die Wunden, die Christus am Kreuz erhielt. Sie sollen auch am Körper von Franz erschienen sein. Dieses Phänomen tauchte auch später bei Christen auf, die ein Leben in tiefer Meditation und Spiritualität führten.

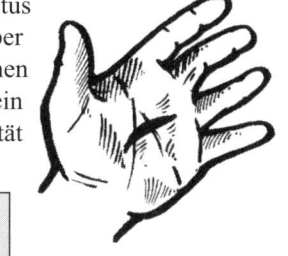

> Die Franziskaner sollten sich während des dreizehnten Jahrhunderts zu einem wichtigen Orden entwickeln.

Franz verhalf vielen zu einem radikalen Lebensstil und dazu, alles Eigentum abzulehnen und in völliger Armut zu leben. Das Ziel war es, sich Christus vollkommen anzugleichen. Wenn auch die Hingabe von Franz außer Zweifel steht, machten die Franziskaner schon bald Ausnahmen von ihren Armutsregeln und wurden mit der Zeit sogar außerordentlich wohlhabend.

Freilich sollte die Theologie sich mit Fragen des Reichtums und der persönlichen Frömmigkeit genauso beschäftigen wie mit jeder anderen theologischen Frage, und daran hat uns Franz schon frühzeitig erinnert.

Friedrich I., «Barbarossa», wird Kaiser des Heiligen Römischen Reiches

1155

Ostland (lat. Austria) wird von Kaiser Friedrich I. zum eigenständigen Herzogtum erhoben; damit beginnt die eigentliche Geschichte Österreichs als selbständiges Territorium

1156

59

THOMAS VON AQUIN

Die Scholastik hatte sich ausgebreitet, hatte Aristoteles wiederentdeckt und versucht, Christus und den Traditionen der Kirche treu zu bleiben. Während manche Aristoteles und seine Philosophie ablehnten, übernahmen andere sie ohne Vorbehalte. Gefragt war jemand, der einen Mittelweg zwischen diesen Positionen fand.

Thomas von Aquin (um 1224–1274) war ein Dominikanermönch (obwohl seine Familie dagegen war und ihn ein Jahr lang im familieneigenen Schloss festhielt!), der in Paris und Italien lehrte. Er machte sich das Denken des Aristoteles zu eigen. Doch anstatt alles unkritisch zu übernehmen, brachte er es in eine christliche Form, indem er manche Teile akzeptierte und andere ablehnte.

HILFE!

Thomas verfasste Unmengen von Material und äußerte sich zu vielen Fragen. Sein größtes Werk war eine systematische Präsentation des christlichen Glaubens in der …

Summa Theologica

Über die Frage von Glauben und Vernunft sagte er, der Glaube sei auf die Schrift gegründet und somit geoffenbart. Doch es gebe auch Argumente, die diesen Glauben stützten und Aufschluss über die Wahrscheinlichkeit des Geglaubten gäben. Von der Inkarnation wissen wir durch Offenbarung. Woraus Felsen bestehen, wissen wir aus Erfahrung und Vernunft. Manche Dinge jedoch, die Existenz Gottes etwa, können sowohl durch Offenbarung als auch durch Vernunft erkannt werden.

Erster Angriff der Mongolen auf Europa

1223

Die erste deutsche Universalchronik, die *Sächsische Weltchronik*, entsteht

um 1229

Thomas beschrieb **fünf Wege**, um zu zeigen, dass Gott existiert. Dazu gehörten unter anderem die folgenden Gedanken:

> **Weil alles eine Ursache hat, müsse es eine äußerste erste Ursache geben.**

> **Weil alles sich verändert, muss es etwas geben, was sich nicht verändert und diese Veränderung verursacht.**

> **Weil es verschiedene Grade der Vortrefflichkeit gebe, sei impliziert, dass es ein vollkommenes Wesen geben müsse, also Gott.**

Im Gegensatz zu Aristoteles versicherte Thomas, Gott habe die Welt *ex nihilo*, aus dem Nichts, erschaffen, statt zu glauben, die Welt sei von Ewigkeit her vorhanden gewesen.

0 + 0 =

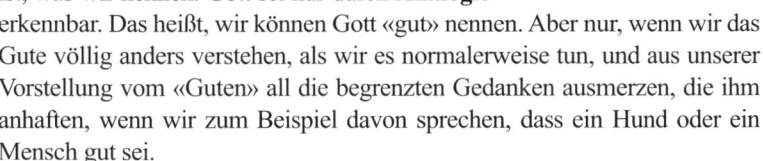

Thomas beschäftigte sich auch mit der Frage, wie wir überhaupt über Gott reden können; einen Gott, der so vollkommen verschieden von unserer Welt und von allem ist, was wir kennen. Gott sei nur durch **Analogie** erkennbar. Das heißt, wir können Gott «gut» nennen. Aber nur, wenn wir das Gute völlig anders verstehen, als wir es normalerweise tun, und aus unserer Vorstellung vom «Guten» all die begrenzten Gedanken ausmerzen, die ihm anhaften, wenn wir zum Beispiel davon sprechen, dass ein Hund oder ein Mensch gut sei.

Thomas wurde später als Lehrer und «Doctor ecclesiae» anerkannt, und die *Summa* wurde zu einem Standardwerk. Er lehrte auch viel über Ethik und argumentierte, den Menschen wohne ein **Naturrecht** inne, das als Wegweiser dafür dient, wie wir leben sollen. Alles in allem war Thomas ein großer Systematiker, der viele Aspekte zu einem großen Ganzen zusammenfügte und sich mit den wichtigen Gedanken seiner Zeit auseinandersetzte.

JOHANNES DUNS SCOTUS

Kaum jemand möchte wohl berühmt dafür werden, dass aus seinem Namen ein Schimpfwort geprägt wird. Doch **Duns Scotus'** (um 1266–1308) Name wurde von denen, die später anderer Meinung waren als er, zu dem Wort «Dunce» («Dummkopf») gemacht! Er wurde aber auch «Doctor subtilis» genannt, weil er so scharfsinnig war. Der schottische Franziskaner, der in Oxford, Cambridge und Paris lehrte, ist für seinen schwierigen Schreibstil bekannt. Er verfasste Kommentare zu den *Sentenzen* von **Lombardus** sowie Werke zu verschiedenen theologischen Fragen.

 Gegen **Thomas von Aquin**, der betonte, Vernunft und Erkenntnis hätten Vorrang vor dem **Willen**, unterstrich Scotus, die Menschen hätten die Freiheit, zu wählen, was sie wollen. Dies wäre wichtig, um zu verstehen, wie Menschen Dinge erkennen und wie sie handeln.

Indem er dies auf Gott übertrug, argumentierte Scotus, Gott sei frei, so zu handeln, wie er wolle. Zum Beispiel sei Jesus am Kreuz gestorben, nicht weil er es musste (wie Anselm gesagt hatte), sondern weil Gott dies freiwillig gewählt hatte. Der Sohn wäre sogar Mensch geworden und am Kreuz gestorben, selbst wenn Adam nicht gesündigt hätte. Wäre die Vorherbestimmung (Prädestination) Christi abhängig von Adams Sünde, hätte sich Gott von den Handlungen eines Menschen abhängig gemacht. Das aber widerspräche der absoluten Willensfreiheit Gottes.
Scotus machte sich zwar die Philosophie zunutze, doch seiner Auffassung nach beruhte der Glaube viel stärker auf Offenbarung, als Thomas es zugestanden hatte.

GOTTES FREIE WAHL

Papierherstellung in Italien; in Fabriano geht eine der frühesten Papiermühlen des Abendlands in Betrieb

Gründung der Schweizer Eidgenossenschaft durch die Urkantone Uri, Schwyz und Unterwalden

1276   **1. August 1291**

Scotus wurde auch bekannt als ein Theologe, der es für wahrscheinlich erachtete, dass Maria ohne Sünde geboren war, und damit den Gedanken der **Unbefleckten Empfängnis** vertrat. Weil Christus der vollkommene Erlöser sei, müsse er zumindest Maria schon vor ihrer Geburt von ihrer Erbsünde befreit haben. Dafür ging Scotus als der «**Doctoris Marianis**» in die Geschichte ein.

Es ist wichtig, sich an Gestalten wie Scotus zu erinnern, weil wir sonst, wenn wir Leute wie Thomas von Aquin betrachten, den Eindruck gewinnen könnten, alle Theologie sei gleich gewesen, und alle seien sich über alles einig gewesen. Scotus war eine Reaktion auf Thomas und dessen Anhänger (die **Thomisten**), doch er bewahrte sich immer noch Raum für ein gesundes Verhältnis von Glauben und Vernunft.

WILHELM VON OCKHAM

Ebenfalls der scholastischen Tradition folgte **Wilhelm von Ockham** (ca. 1285–1349), ein Schüler des Scotus, der in Oxford studierte, über die Bibel lehrte und seinen Kommentar von Lombardus' *Sentenzen* las. Er wurde jedoch vom Kanzler der Universität der Häresie beschuldigt und musste, um sich der Anklage zu stellen, nach Avignon gehen. Dort wurde er schließlich von Papst Johannes XXII., den er selbst für einen Häretiker hielt, exkommuniziert.

Bedeutend ist Ockham für seine Ansichten über die **Universalien**, die einen Großteil des zeitgenössischen Denkens umkehrten. Er war ein **Nominalist** und glaubte somit, dass Universalien eigentlich nicht existieren, sondern nur durch Verallgemeinerungen von Individuen erkannt werden. Nur diese Individuen existieren. Eine Konsequenz daraus ist, dass es unmöglich ist, mit Hilfe von nicht existierenden Dingen auf andere Dinge zu schließen. Zum Beispiel kann man nicht auf

---

Marco Polo kehrt mit Rezepten für Speiseeis und Pasta zurück nach Venedig

Beginn des Hundertjährigen Krieges zwischen England und Frankreich

| 1295 | 1337 |

diese Weise auf Gottes Existenz schließen. Mit seiner konsequent angewandten Logik beharrte er darauf, Philosophen könnten sich nicht mit Argumenten zu bestimmten Vorstellungen über Gott vorarbeiten (zum Beispiel, dass er *einer* sei, dass er allmächtig sei oder dass er unsterblich sei). Nur göttliche Offenbarung sei in der Lage, zu diesen Erkenntnissen zu führen.

Möglicherweise war es diese Ablehnung der Philosophie durch Ockham, die zur Zunahme der christlichen **Mystik** führte. Dabei hatte er gar nichts gegen die Anwendung von Logik, nur gegen die unnötigen Wendungen und Argumente der Scholastiker. Deswegen ist er bekannt für «**Ockhams Rasiermesser**». Dieses sogenannte «Sparsamkeitsprinzip» besagt, dass die einfachste Form einer Aussage einem endlosen, komplizierten Argument immer überlegen ist.

> *Es ist eitel, mit mehr zu tun, was mit weniger getan werden kann.*

THOMAS VON KEMPEN

Thomas à Kempis (1379–1471), ein deutscher Mönch und Schriftsteller, ist der Verfasser der …

der **Nachfolge Christi,** einem bekannten theologischen Andachtswerk. Selbstverleugnung, Demut, Vertrauen und Annahme der Liebe Gottes waren Schlüsselthemen darin; Themen, die in der Kirchengeschichte immer wieder auftauchen. Thomas lehrte diese Prinzipien in kleinen Kommunitäten, die das moralische Beispiel unterstrichen, das Christus für die Menschen war und ist.

Imitatio Christi

JOHN WYCLIF

Als die mittelalterliche Periode ihrem Ende entgegenging, wuchs der Widerwille gegen die Kirche aufgrund ihres häufigen Machtmissbrauchs. Nicht viele ergriffen dagegen das Wort, doch die radikale Stimme **John Wyclifs** (ca. 1329–1384) war nicht leicht zum Schweigen zu bringen. Geboren in Yorkshire, war er Priester und Student in Oxford, wo er dann auch als Lehrer tätig war.

Er stand in der scholastischen Tradition und wandte sein Denken vielen Themen zu. Eines davon war die Beziehung zwischen Kirche und Staat, zu der er eine Theologie der **Herrschaft** entwickelte. Darin argumentierte er, die Menschheit sei Gottes Haushalterin über die Welt, doch politische Macht könne nur denen anvertraut werden, die durch Gottes Gnade gerecht gemacht worden seien. Jede Todsünde führe zum Verlust des Rechtes auf diese Macht. Man fasste dies als Verurteilung der Kirche seiner Zeit auf, und so wurde er selbst 1377 durch Dekrete des Papstes verurteilt.

Gottes Gnade

Haushalterschaft des Menschen

In seinem späteren Leben stellte er sich dem entgegen, was er als Schwierigkeiten innerhalb der Kirche sah. Er argumentierte, die Schrift habe mehr Autorität als der Papst und die Kirche. Dies veranlasste ihn zur Umsetzung des Plans, die lateinische Bibel (die «**Vulgata**») ins Englische zu übersetzen, damit alle sie lesen und das Zeugnis von Christus darin mit eigenen Augen sehen könnten.

Wyclif attackierte den Reichtum der Kirche, die Anmaßung ihrer Bischöfe und den Umstand, dass ohne einen Priester keine Kommunion

Ausbreitung der Pest als europäische Pandemie	Baubeginn des Moskauer Kremls	Groß angelegte Ketzerverfolgung unter Petrus Zwicker beginnt
1348	1363	1391

möglich war. Darüber hinaus kritisierte er die Lehre von der **Transsub-stantiation**, die besagte, die Elemente Brot und Wein, die im Sakrament verwendet werden, veränderten während des Voll-zugs ihre Natur und würden zu Leib und Blut Christi. Für Wyclif waren die Elemente nicht nur bloße Symbole (die nur etwas darstellten), sondern der Leib und das Blut Christi waren wirklich gegenwärtig, genauso wie die Seele eines Menschen dabei gegenwärtig war. Den üblichen Gedanken der Transsubstantiation je-doch wies er zurück.

Wyclif hatte eine Gruppe von Anhängern, die sich am Bauern-aufstand beteiligten, und deshalb und wegen seiner Theologie wurde ihm großer Argwohn entgegengebracht. Dadurch, dass er in Oxford einige tschechische Studenten unterrichtete, er-reichte sein Einfluss einen wichtigen Theologen auf dem Kontinent, den Prager **Jan Hus**. Am Ende wurde Wyclif offenbar aus Oxford ausgeschlossen, und nach seinem Tod wurde sein Leichnam we-gen seiner angeblichen Häresien wohl ausgegraben und verbrannt.

Trotz alledem wird Wyclif oft der «Morgenstern der Reformation» genannt, weil er manches von den kommenden Veränderungen vorwegnahm.

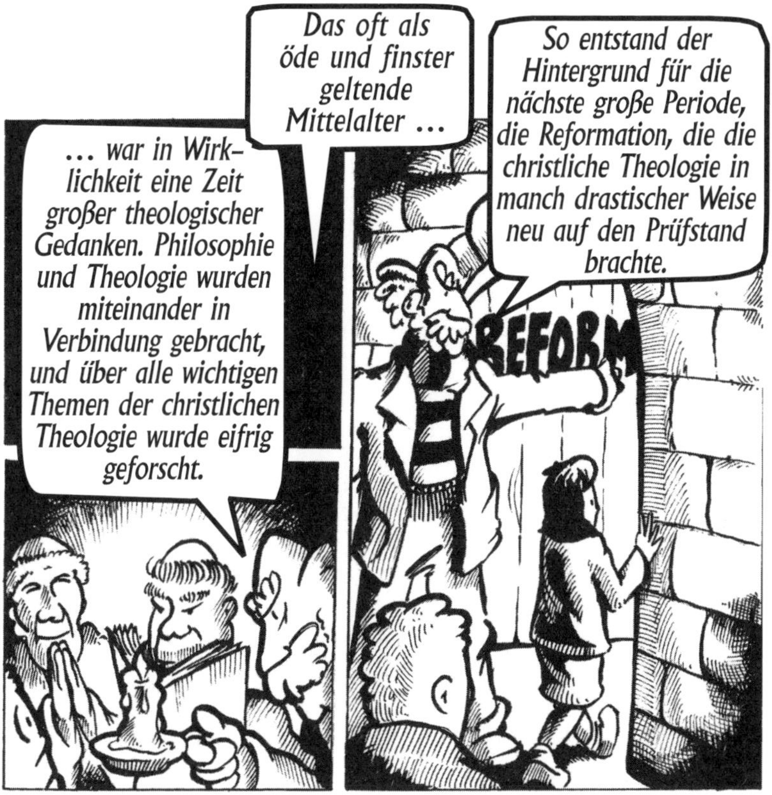

> **... war in Wirklichkeit eine Zeit großer theologischer Gedanken. Philosophie und Theologie wurden miteinander in Verbindung gebracht, und über alle wichtigen Themen der christlichen Theologie wurde eifrig geforscht.**

> **Das oft als öde und finster geltende Mittelalter ...**

> **So entstand der Hintergrund für die nächste große Periode, die Reformation, die die christliche Theologie in manch drastischer Weise neu auf den Prüfstand brachte.**

Es bleibt anzumerken, dass die Auseinandersetzungen der Alten Kirche bis zu einem gewissen Grad vorüber waren. Es gab keine langen Debatten mehr über

Christologie

und die **Trinität**

(obwohl auch darüber gesprochen wurde). Wie sich die Theologie weiterentwickelt, so tut es auch die Welt, und die Fragen und Themen ändern sich im Zuge der ganz realen Bedürfnisse der jeweiligen Zeit.

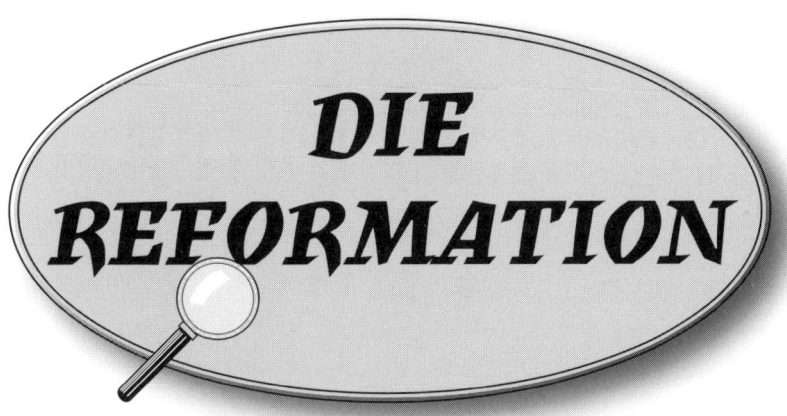

DIE REFORMATION

Es ist immer schwierig, die Geschichte in Segmente zu unterteilen, denn die Ereignisse geschehen ja nicht isoliert voneinander. Doch vom Anfang des sechzehnten Jahrhunderts an vollzog sich eine deutliche Veränderung in den Einstellungen und im Denken …

die allgemein Reformation genannt wird.

Theologische Überlegungen spielten dabei eine große Rolle, wie die folgenden Seiten zeigen. Doch es gab auch andere Faktoren, die die Veränderung vorantrieben, insbesondere politische Überlegungen.

Vor allem jedoch sind es die theologischen Debatten und Kontroversen .jener und der folgenden Zeit, die der Kirche die veränderte Gestalt gaben, die wir heute vor uns sehen.

ERASUMUS DESIDERIUS VON ROTTERDAM

Erasmus wird oft als die Person bezeichnet, die das Ei für die **Reformation** legte, das Luther dann ausbrütete. Sein Einfluss auf das Denken und die Literatur seiner Zeit machte die Reformation fast unvermeidlich.

Erasmus (um 1467–1536) wurde als illegitimer Sohn eines Priesters in Rotterdam geboren. 1492 wurde er als Augustiner zum Priester geweiht, doch 1495 ging er zum Studieren nach Paris, weil ihm das Mönchsleben nicht lag. In seinen Arbeiten machte er sich satirisch über die wichtigsten Trends seiner Zeit lustig – das **Mönchtum** und die **Scholastik**.

Dieses Werk ermutigte Laien, zur Schrift und zu den Lehren der Kirchenväter zurückzukehren.

In dieser Satire nimmt er die Laster und Dummheiten der Menschen aufs Korn.

Handbuch des christlichen Streiters

1503

Lob der Torheit

1509

Freilich strebte Erasmus stets nach einer friedlichen Reform der römischen Kirche selbst, nicht nach der Gründung einer neuen Kirche.

Über all seine Angriffe gegen die Kirche hinaus war Erasmus' größter Beitrag zur Reformation seine Herausgabe eines **griechischen Neuen Testaments**. Dies war das erste seiner Art und wurde 1516 gedruckt, im Jahr vor dem Beginn der Reformation.

 Das **griechische Neue Testament** wurde von den Reformatoren und allen, die ihnen folgten, verwendet. Es kritisierte den allgemein akzeptierten Text der lateinischen *Vulgata* an einigen entscheidenden Stellen. Daneben veröffentlichte Erasmus auch Ausgaben der Schriften der Kirchenväter.

Erasmus war einer der großen **Humanisten**; also jemand, der für eine Rückkehr zu den Originalquellen plädierte, für die Notwendigkeit, Theologie in den ursprünglichen Sprachen zu studieren, damit die Kirche ihrer Zeit angemessen handeln könnte. Der **Humanismus** war gegen die Scholastik und die autoritären Vorstellungen von der Kirche. Für Erasmus war sorgfältiges Studium der beste Weg, die Kirche zu reformieren.

Im Grunde war der wichtigste Antrieb für Erasmus nicht seine Theologie, sondern sein wissenschaftliches Streben.

Trotz alledem blieb er ein Katholik und schrieb gegen Luther, weil dieser, Erasmus zufolge, die Kirche gespalten hatte.

 Erasmus betonte, es sei wichtig, auf unsere Quellen zurückzublicken. Was sind die Quellen der christlichen Theologie, und wie wichtig sind sie?

Johannes Gutenberg druckt die erste Bibel	In Amsterdam wird das Werfen von Schneebällen verboten	Kolumbus erreicht Amerika
1455	31. Dezember 1472	1492

MARTIN LUTHER

Denkt man an die Reformation, so fällt einem sofort der Name **Martin Luther** ein. Als die Phase der Wandlung und der Rückbesinnung auf die Quellen des christlichen Glaubens voranschritt, begannen manche zu erkennen, was aus der Kirche geworden war. Luther sollte zum Sprungbrett für weitreichende Veränderungen werden.

Aufgewachsen in Armut und Frömmigkeit, studierte **Martin Luther** (1483–1546) an der Universität Erfurt. Er schloss sich dem Augustinerorden an, wurde 1507 zum Priester geweiht und hielt von 1508 an Vorlesungen in Wittenberg. Diese drehten sich um die Bibel, und während dieser Zeit begann ihm sein mangelnder Friede mit Gott zu schaffen zu machen. 1517 nagelte er die **95 Thesen** – eine Liste von Bedenken und Sorgen über die Praktiken der Kirche – an die Kirchentür von Wittenberg. Dieses Ereignis wird oft als Startsignal der **Reformation** gesehen.

HIER BEGINNT DIE REFORMATION!

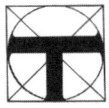

Luther war gefesselt von der Frage, wie man vor Gott gerecht wird. Entscheidend für diese Frage war, was die Bibel mit der «**Gerechtigkeit Gottes**» meint. Da Gott in sich gerecht ist, konnte er Menschen bestrafen und belohnen, je nachdem, wie sie es verdienten. Doch wie konnten Menschen je gerecht genannt werden? Die Gerechtigkeit Gottes wird sündigen Menschen nur als Geschenk der Gnade Gottes zuteil, durch das Opfer Jesu am Kreuz.

GNADE

GERECHTIGKEIT

Somit geschieht die **Rechtfertigung**, der Prozess, durch den ein Mensch gerecht gemacht wird, allein durch Gnade durch den Glauben, nicht durch gute Werke oder eigene Anstrengungen.

GUTE WERKE

ZIMMER AUFGERÄUMT

IN DIE KIRCHE GEGANGEN

GLAUBE

Luther gründete dies auf sein Verständnis des Unterschiedes zwischen **Gottes Gesetz** (zum Beispiel den alttestamentlichen Gesetzen, die den Menschen ihre Sünde und ihre Gnadenbedürftigkeit bewusst machen) und **Gottes Evangelium** (das ein bedingungsloses Gnadengeschenk ist). Dies sollte zum Eckstein der reformatorischen Tradition werden.

Luthers Opposition gegen die Kirche begann mit den **95 Thesen** als Einwand gegen den **Ablasshandel**. Dies war ein Verfahren, bei dem die Leute Geld dafür bezahlen konnten, dass ihnen ein Teil der zeitlich begrenzten Sündenstrafen nach dem Tod erlassen würde. (Nach katholischem Verständnis werden die Sünden zwar vergeben, aber die Strafen dafür bleiben bestehen.)

> *Gib mir noch'n Zehner, und du kriegst ein Jahr weniger im Fegefeuer für die Wasserbombe, die du dem alten Krawuttke an den Kopf geschmissen hast.*

Die Thesen wurden bald übersetzt und erfuhren weite Verbreitung. Zu Beginn seines Wirkens wollte Luther in der römisch-katholischen Kirche bleiben und sie reformieren. Doch in seinen weiteren Werken …

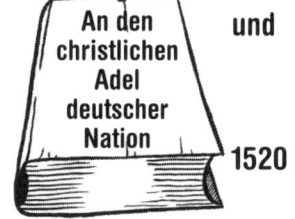

wurde seine Kritik stärker, und die tiefe Kluft zwischen den Reformatoren und der katholischen Kirche begann sich zu zeigen.

Luther attackierte das kirchliche System der Sakramente und sagte, es gebe eigentlich nur zwei richtige Sakramente, nämlich die **Taufe** und die **Eucharistie**; und er bestritt die Transsubstantiationslehre und die Vorstellung, die Messe sei eine Wiederholung des Opfers Christi. Daraufhin

Ein ewiger Landfriede im Hl. Röm. Reich wird beim Reichstag zu Worms verkündet	Vasco da Gama entdeckt den Seeweg nach Ostindien	Peter Henlein baut die erste Taschenuhr
1495	1498	1510

WORMS

wurde Luther 1521 von der katholischen Kirche exkommuniziert.

1521 wurde Luther auf dem Reichstag zu Worms dem Kaiser vorgeführt und verbannt. Während er von Freunden auf der Wartburg versteckt gehalten wurde, übersetzte Luther das **Neue Testament** ins damalige Deutsch. Und als die Reformation voranschritt, nahmen noch viele andere die Rolle von Reformatoren ein. Luther distanzierte sich von den Radikalen (während des **Bauernkriegs**, 1525) und attackierte in … einige Gedanken des Erasmus.

Über den geknechteten Willen

1525

Im Zentrum des Denkens Luthers stand die **Kreuzestheologie**. Theologie könne nur dann richtig stattfinden, wenn wir Gott sich selbst am Kreuz offenbaren sehen, nicht durch unsere eigenen philosophischen oder gedanklichen Anstrengungen.

Luthers Ziel war es keineswegs, eine neue Konfession zu begründen und damit die Kirche zu spalten, sondern zum **Kreuz Christi** zurückzukehren. Er verkündete:

Ich habe euch Christus gelehrt, rein, schlicht und ohne Verfälschung.

Dabei besann er sich zurück auf die Bibel und auf die frühe Kirche und war somit ein echter Reformator.

Wenn die **Rechtfertigung** (der Akt, durch den ein Mensch gerecht gemacht wird) aufgrund des Todes Jesu geschieht und nicht wegen irgendeines menschlichen Verdienstes, welche Konsequenzen hat das für unser Verständnis der **Sakramente**? Sind sie dazu da, etwas zu bewirken, damit Menschen gerecht gemacht werden? Sind sie lediglich eine Darstellung von etwas, was anderswo geschehen ist? Oder steckt noch mehr hinter ihnen?

Die Reformation beginnt	Deutscher Bauernkrieg	In Europa wird die Kartoffel eingeführt				
1517	1524–1526	1525				

74

PHILIPP MELANCHTHON

Die Reformation fand nicht nur wegen einer Person statt. Viele waren daran beteiligt, und es gab unzählige Faktoren, die zum Aufstieg des **Protestantismus** (der Bewegung, die gegen die Kirche «protestierte») beitrugen.

Philipp Melanchthon (1497–1560) sollte ein Nachfolger für **Luther** werden und dessen Werk populär machen. Nach seinem Studium in Heidelberg und Tübingen unterrichtete er Griechisch in **Wittenberg**, wo er das Interesse Luthers auf sich zog. So stark war Luthers Einfluss auf ihn, dass er Theologie zu studieren begann.

Er veröffentlichte …

Loci communes

1521

Gemeinplätze, das zu einem äußerst beliebten Lehrbuch über die evangelische Theologie werden sollte.

1530

AUGSBURG

Auf dem **Reichstag zu Augsburg** 1530 (einberufen vom Kaiser) legte Melanchthon eine Liste von reformatorischen Glaubensartikeln vor, die heute als **Augsburger Bekenntnis** bezeichnet wird. Das Bekenntnis ist inzwischen eine der weltweit wichtigsten Formulierungen des evangelischen Glaubens, wenn es auch von manchen strengen Lutheranern abgelehnt wird. Es beleuchtete Fragen der **Rechtfertigung** und der **Trinität** und verurteilte verschiedene Häresien und die Auswüchse der Täufer (auch: Anabaptisten, Wiedertäufer).

Luther hält in Wittenberg die erste Messe in deutscher Sprache	Nürnberger Religionsfriede; Verfolgung der Protestanten wird eingestellt
29. Oktober 1525	**1532**

Zur Enttäuschung vieler ging Melanchthon im späteren Leben Kompromisse mit den Katholiken ein. Er wollte, wenn irgend möglich, den Frieden erhalten, und entschied sich für einen Mittelweg, auf dem es den Gemeinden ermöglicht wurde, der **protestantischen Lehre** zu folgen, zugleich aber **römisch-katholische Riten** und **Bekenntnisformeln** beizubehalten. Theologisch wurde das damit begründet, dass es religiöse Praktiken gab, die «**Adiaphora**» («Mitteldinge») waren, also Dinge, über die man streiten konnte, die aber nicht im Mittelpunkt des Glaubens standen. Zwei Gebete werden Melanchthon kurz vor seinem Tod nachgesagt …

dass die Kirchen in Christus eines Sinnes sein mögen

… und dass er bewahrt werden möge vor der …

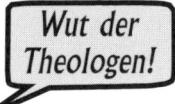

Wut der Theologen!

ULRICH ZWINGLI

Als die Reformation sich in Europa ausbreitete, traten weitere christliche Denker auf den Plan, welche die Herausforderung der Reform annahmen und sie an ihre eigenen besonderen Umstände anpassten.

Ulrich Zwingli (1484–1531) wurde in der Schweiz geboren und studierte in Basel, Bern und Wien. 1506 wurde er zum Priester geweiht und war dann für einige Zeit als Armeekaplan tätig. 1519 wurde er Leutpriester in Zürich.

Die erste vollständige Fassung der Lutherbibel wird gedruckt	William Tyndale wird auf dem Scheiterhaufen hingerichtet	Johannes Calvin setzt in Genf die Reformation durch
1534	1536	1541

 Zwingli war sehr beeindruckt vom Werk des Erasmus und dessen griechischem Neuen Testament. Er begann an Praktiken wie der Heiligenverehrung und dem Missbrauch des Ablasshandels zu zweifeln. Seine Sorge war, dass die Kirche nicht mehr schriftgemäß war. In diesen Jahren hatte er so etwas wie ein Bekehrungserlebnis und sah die Notwendigkeit, gegen die katholische Kirche das Wort zu ergreifen.

Seine regelmäßigen Predigten über das Neue Testament machten ihn immer wieder auf Probleme aufmerksam.

Schließlich verwarf Zwingli sowohl die Messlehre als auch das Papsttum und machte sich daran, die Bibel zu übersetzen und die Priesterausbildung zu verbessern.

Er unterstrich auch die Rolle der Laien in der Kirche und die Notwendigkeit einer starken Gemeindezucht. Er schrieb über die Bibel und verfasste einen **Kommentar über die wahre und falsche Religion** *(Commentarius de vera et falsa religione)*. Seine theologischen Schwerpunkte waren ähnlich wie die von Luther, besonders im Blick auf die Rechtfertigung durch den Glauben.

Kopernikus veröffentlicht sein Werk über den Kosmos

1543

Schweden: König Gustav I. Wasa und die Stände bekennen sich zum evangelischen Glauben

1544

Zwinglis Reformvorschläge waren vielleicht noch radikaler, wie auch seine Gedanken zur Eucharistie. Obwohl er das Abendmahl nicht als Opferhandlung sah, glaubte er nicht, dass das Sakrament lediglich eine Gedenkfeier sei. Sondern es befähige den Glaubenden, die Gegenwart Christi in dem Akt anzuerkennen.

Zwinglis Leben ist ein Beispiel für die Bedeutung außertheologischer Faktoren während der Reformation. Als er von der Kirche der Häresie beschuldigt wurde, stellte sich eine öffentliche Ratsversammlung vor Zwingli, indem sie das Gebiet um Zürich aus der Jurisdiktion des Bischofs herausnahm und einige der Gedanken Zwinglis bestätigte. So machte sich die Politik Gedanken der Reformation zu eigen und förderte das Anliegen der Reform.

Leider entwickelten sich Zwingli und Luther immer weiter auseinander, besonders in der Frage der Eucharistie. Während des **Marburger Religionsgesprächs** konnten sie darüber keine Einigung erzielen …

Ich kann dir unmöglich zustimmen, dein Hut stößt gegen meinen!

1531 wurde Zwingli getötet, nachdem Zürich von katholischen Truppen eingenommen worden war. Die Schweiz wurde nie so vollständig reformiert, wie es in anderen europäischen Ländern der Fall war, doch Zwingli selbst war ein großartiges Beispiel für die Ziele der Reformatoren: die Kirche zu ihren Ursprüngen zurückzuführen und auf dieser Grundlage die Gesellschaft zu ordnen.

Beginn des Konzils von Trient (Gegenreformation)
1545

In Wittenberg erscheint die letzte Ausgabe (Revision) der Lutherbibel, an der Martin Luther selbst mitgewirkt hat

MARTIN BUCER

In Straßburg versuchte **Martin Bucer** (1491–1551) viele der verschiedenen Parteien innerhalb des entstehenden Protestantismus einander näher zu bringen. Er bemühte sich, eine Einigung zwischen **Luther** und **Zwingli** in der Frage des **Abendmahls** herbeizuführen, die **Hauptströmung der Reformation** mit den **Täufern** und sogar die **Protestanten** mit den **Katholiken** zusammenzubringen.

Seine Prinzipien lagen weitgehend auf der Linie **Luthers**, wobei er die Notwendigkeit eines geordneten Systems der **Gemeindeordnung** und **Gemeindezucht** betonte. Darüber hinaus erkannte er, dass die **staatliche Obrigkeit** beim Reformationsprozess eine Rolle zu spielen hatte. Von 1548 bis 1551 lehrte er in Cambridge und übte somit Einfluss auf die Entstehung des *Book of Common Prayer* und auf das englische Denken über die Beziehung zwischen **Kirche** und **Staat** aus.

Book of Common Prayer

> Erst in letzter Zeit ist Bucer als Inspiration für die heutige ökumenische Bewegung entdeckt worden.

Tod Martin Luthers	Iwan IV., «der Schreckliche», wird erster russischer Zar
18. Februar 1546	1547

79

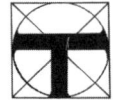

JOHANNES CALVIN

Johannes Calvin (1509–1564) ragt als eine der Schlüsselfiguren der Theologiegeschichte heraus. Nimmt man sein Wirken als Pastor, Theologe, Reformator und Führungspersönlichkeit zusammen, so beeinflusste Calvin nicht nur eine Stadt, sondern eine ganze Religion.

In Frankreich geboren, studierte Calvin in Paris zuerst Theologie, doch er brach auf Betreiben seines Vaters den Studiengang ab und wechselte zur finanziell lukrativeren Rechtslehre. Er lernte die Gedanken der frühen Reformatoren schätzen und erforschte eingehend das **griechische Neue Testament**. Etwa 1535 erlebte er eine Art plötzlicher Bekehrung, und von da an widmete er sich dem Studium und der Lehre der Schrift im Sinne der Reformation.

Von 1538 bis 1541 war er als Pastor in Straßburg tätig, doch erst in Genf leistete er den größten Teil seiner reformatorischen Arbeit. Obwohl er nicht der städtischen Obrigkeit angehörte, war sein Einfluss in Kirche und Staat enorm.

Am bekanntesten wurde Calvins Theologie durch das von ihm verfasste Werk …

Institutio Christianae religionis

Es erschien erstmals 1536 als ein Buch mit sechs Kapiteln.

Bis heute sind jedoch achtzig Kapitel in vier Teilen daraus geworden.

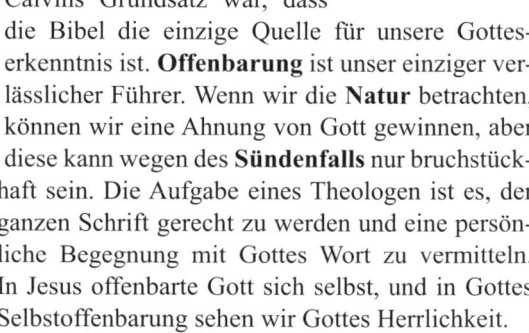

Calvins Grundsatz war, dass die Bibel die einzige Quelle für unsere Gotteserkenntnis ist. **Offenbarung** ist unser einziger verlässlicher Führer. Wenn wir die **Natur** betrachten, können wir eine Ahnung von Gott gewinnen, aber diese kann wegen des **Sündenfalls** nur bruchstückhaft sein. Die Aufgabe eines Theologen ist es, der ganzen Schrift gerecht zu werden und eine persönliche Begegnung mit Gottes Wort zu vermitteln. In Jesus offenbarte Gott sich selbst, und in Gottes Selbstoffenbarung sehen wir Gottes Herrlichkeit.

Calvins Theologie enthält viele herausragende Punkte. Er betonte die Gott-Mensch-Natur Jesu, die Art und Weise, wie die Trinität geoffenbart wird, und die **Herrlichkeit Gottes**. Als schlechte Seiten der Theologie Calvins haben Leute oft seine Lehre über die **doppelte Prädestination** und die Lehre der **völligen Verderbtheit** gesehen. Doppelte Prädestination heißt, dass Gottes Ratschluss bestimmt, wer gerettet und wer verdammt wird.

Du bist dabei!

Die Kehrseite ist, dass es also Leute gibt, die nicht gerettet werden können.

Unter völliger Verderbtheit ist zu verstehen, dass der Sündenfall alle Menschen unfähig zu jeglichem Guten gemacht habe. Was Calvin tatsächlich damit meinte, war, dass die Auswirkungen des Sündenfalls universell sind – das heißt, sie gelten für jeden, für alles und für jeden Lebensbereich. Dagegen ist diese Verderbtheit nicht in dem Sinne *völlig*, dass es nicht möglich wäre, Gutes zu tun.

Calvin war ein Pastor.

Er wollte Menschen befähigen, im Glauben zu wachsen und so nach und nach durch den Geist Gottes geheiligt zu werden. Die Prädestinationslehre und die damit verbundene Gewissheit waren als Trost für gewöhnliche Menschen gedacht. Calvin war jemand, der gründlich mit der Bibel arbeitete, viele Kommentare schrieb und noch mehr Predigten hielt, die zeigten, wie notwendig es war, den Kontext jedes Abschnitts zu betrachten, wodurch er einen Beitrag zur **Hermeneutik** leistete.

Calvin war ein Politiker,

der eine hohe Meinung vom Staat als einer von Gott eingesetzten Obrigkeit hatte, obwohl er sich einigen einflussreichen Mächten in Genf widersetzte. Außerdem lehrte er die Vorzüge der Kirchenzucht und der Reformen innerhalb der Stadt und trat für bessere Krankenhäuser und eine bessere Abwasserentsorgung ein.

Und natürlich war Calvin ein großer Theologe.

Zum Beispiel schaltete er sich in die Streitigkeiten um das **Abendmahl** ein, indem er (wie Augustinus) argumentierte, es sei ein sichtbares Zeichen einer unsichtbaren Gnade, aber die Extrempositionen sowohl der **Transsubstantiation** als auch des **reinen Symbolismus** verwarf.

Nach Calvins Tod 1564 führten seine Anhänger seine Lehre fort, und der **Calvinismus** entstand. Viele haben versucht, den Kern seiner Theologie zu erfassen, und haben behauptet, sie kreise rein um **Prädestination**, **Gottes Herrlichkeit**, seine **Souveränität**, den **Sündenfall** oder die **Autorität der Schrift**.

Doch Calvins Genie bestand darin, wie er all diese Punkte zusammenhielt und Motive von Paulus und Augustinus miteinander verband. So präsentierte er eine äußerst robuste Formulierung des protestantischen Glaubens.

RÖMER
KORINTHER
USW.

Die **Institutio** ist eine systematische und organisierte Darstellung der Theologie. Welche Vor- und Nachteile hat es, einen lebendigen Glauben zu einer sortierten Liste von Überschriften zu verdichten?

Ich glaube an eine Dose Bohnen ... Ach nein, das ist ja meine Einkaufsliste!

JACOBUS ARMINIUS

Die Reformation war kein einzelnes einheitliches Ereignis. Viele Charaktere brachten viele Debatten mit sich. **Jacobus Arminius** (1560–1609) und seine Nachfolger lösten eine wichtige theologische Kontroverse aus, die bis heute anhält.

Arminius war ein holländischer Theologe, der in Marburg, Genf, Leiden und Basel studierte. Beeinflusst wurde er von einem französischen protestantischen Theologen namens **Theodore Beza**.

Bekannt wurde Arminius vor allem für sein Verständnis von Prädestination und freiem Willen. Obwohl er an die Prädestination glaubte, war er gegen den Gedanken, dass das Schicksal der Menschen von Gott schon vor dem Sündenfall festgelegt worden sei. Diese Auffassung impliziere nämlich, dass das Kommen Christi nur ein zweitbester Plan gewesen wäre, denn dann gäbe es keinen Zusammenhang zwischen Gottes Ratschluss, wer auserwählt sein würde, und dem Kommen Christi, um die Folgen des Sündenfalls zu heilen.

ZWEIT-BESTER PLAN

Du bist dabei! Weil du annimmst!

Arminius argumentierte, Gott erwähle Menschen aufgrund seines Wissens, ob sie Christus annehmen oder ablehnen. Das sei es, was Gott im Voraus erkennen würde.

Die Bibel erhält durch den französischen Gelehrten Robert Estienne ihre Einteilung in Kapitel und Verse

1551

Die entgegengesetzte Position lautete, dass Gottes Wahl schon vor dem Gnadenangebot Gottes in Christus stattfinde. Sie sei ein vollkommen freier Akt, durch den Gott aus Gnaden errette; ein Akt, der nicht davon abhängig sei, dass der Mensch sich für Gott entscheidet.

Nach dem Tod des Arminius entwickelte sich der **Arminianismus** zu einer Position der bedingten Prädestination weiter. Demnach sind Menschen unter der Bedingung ihrer freien Entscheidung für Christus prädestiniert.

Die weiteren Implikationen dieses scheinbar obskuren Argumentes sind enorm.

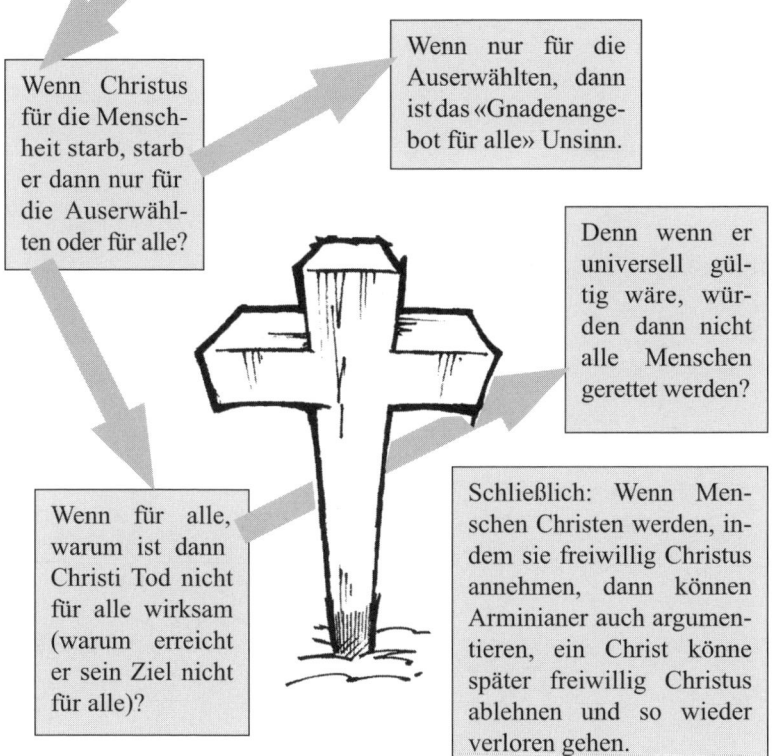

Wenn Christus für die Menschheit starb, starb er dann nur für die Auserwählten oder für alle?

Wenn nur für die Auserwählten, dann ist das «Gnadenangebot für alle» Unsinn.

Denn wenn er universell gültig wäre, würden dann nicht alle Menschen gerettet werden?

Wenn für alle, warum ist dann Christi Tod nicht für alle wirksam (warum erreicht er sein Ziel nicht für alle)?

Schließlich: Wenn Menschen Christen werden, indem sie freiwillig Christus annehmen, dann können Arminianer auch argumentieren, ein Christ könne später freiwillig Christus ablehnen und so wieder verloren gehen.

DORDRECHT

Die **Dordrechter Synode** (1618–1619) versuchte diese Fragen zu klären, doch sie endete schließlich mit der Verurteilung der **Remonstranzen**, also der Positionen, die von den Anhängern des Arminius vorgebracht wurden. Die Antwort der Synode war das, was heute auch «**Fünf-Punkte-Calvinismus**» genannt wird:

1 **Gott erwählt souverän diejenigen, die errettet werden sollen.**

2 **Das Sühnegeschehen ist definiert und für diejenigen bestimmt, die erwählt sind (es ist also nicht unbegrenzt in seiner Reichweite).**

3 **Die völlige Verderbtheit betrifft alle Menschen.**

4 **Gott wird mit seinen Heiligen ausharren (wahre Christen können nicht abfallen).**

5 **Gottes Gnade bewirkt die Bekehrung des Menschen (nicht der menschliche Wille).**

Die Arminianer wurden ausgeschlossen und verbannt.

Arminius und die Arminianer sind Beispiele dafür, wie Theologie sowohl auf die Vergangenheit wie auch auf die Zukunft verweisen kann. Diese Kontroverse erinnert an den Pelagiusstreit in der Alten Kirche. Und später, im achtzehnten Jahrhundert, griff **John Wesley** viele Gesichtspunkte von Arminius auf und brachte sie in die methodistische Kirche ein.

MENNO SIMONS

Simons (ca. 1496–1561) war zwar ein geweihter katholischer Priester, doch er wurde zum **anabaptistischen** Prediger, nachdem ihm Zweifel an den Lehren der **Transsubstantiation** und dann an der **Säuglingstaufe** gekommen waren. Er gelangte unter den Täufern zu Einfluss, nachdem diese 1535 bei der **Belagerung von Münster** eine schwere Niederlage erlitten hatten. Simons wollte seine Theologie allein auf die Schrift gründen, und dort fand er keine Rechtfertigung für die Säuglingstaufe. Darüber hinaus rief er die Christen zum **Pazifismus** auf.

TÄUFER – WER SIND SIE?

Die protestantische Reformation wurde von vielen begrüßt, doch manchen ging das, was die Hauptströmung der Reformatoren erreichte, nicht weit genug. Die Auseinandersetzungen drehten sich um den Gedanken einer **mit dem Staat verbundenen Kirche** und um die Frage der **Säuglingstaufe.** Die Täufer bestanden darauf, die Kirche bestehe nur aus den wahren Gläubigen, und sie müsse sich absondern, um rein zu bleiben. Die **Schleitheimer Artikel** (1527) enthalten viele anabaptistische Gedanken. Seit dem 17. Jahrhundert bezeichnen sich viele Täufergruppen selbst – nach Menno Simons – als «Mennoniten».

WAS? DAS MACHE ICH NICHT NOCH MAL MIT!

DIE KIRCHE IN DER REFORMATION

Eine der wesentlichen Fragen in dieser Periode war der Status der **Kirche**, ihre Struktur und ihre Beziehung zum Staat.

Luther unterschied das **zeitliche** weltliche Handeln des Staates vom **geistlichen** Handeln der Kirche. Allerdings gibt es viele Funktionen der Kirche, die unwesentlich sind und an denen der Staat beteiligt sein kann.

Calvin zog einen stärkeren Trennungsstrich zwischen Kirche und Staat. Der Staat ist von Gott eingesetzt, um den Frieden zu wahren und die Kirche zu schützen, spielt jedoch in Kirchenangelegenheiten kaum eine Rolle. Allerdings gibt es natürlich eine Kooperation, bei der Kirchenangelegenheiten sich auf den Staat auswirken.

In der **anglikanischen Kirche** entwickelte sich eine sehr starke Beziehung zwischen Kirche und Staat. **König** und **Parlament** herrschen als von Gott eingesetzte staatliche Obrigkeit über die Kirche. Der Monarch wird als Oberhaupt der Kirche behandelt.

Im krassen Gegensatz dazu sprachen sich die **Täufer** für eine völlige Trennung von Kirche und Staat aus, denn das eine sei vollkommen geistlich, das andere zeitlich. Dies führte bisweilen zu Meinungsverschiedenheiten und Aufständen, so dass die Täufer wegen ihrer Nichtbeteiligung oft verfolgt wurden.

Solche Gedanken sind heute bei bestimmten **Baptisten-** und **Quäkergemeinden** immer noch aktuell.

IGNATIUS VON LOYOLA

Die katholische Kirche «reagierte» nicht nur auf die Reformation, sondern brachte auch eine Menge fähiger Apologeten und Theologen hervor. Einer davon war **Ignatius von Loyola** (1491–1556).

Als Sohn eines baskischen Adligen war Ignatius Berufssoldat, bis er 1521 schwer verletzt wurde. Während er in seiner Genesungszeit unter anderem das *Leben Christi* und Heiligenlegenden las, beschloss Ignatius, ein «Soldat für Christus» zu werden.

Von 1522 bis 1523 verbrachte er viel Zeit im Gebet und mit der Abfassung seines Hauptwerkes …

Geistliche Übungen

… einer Reihe von Anweisungen, die auf die Entwicklung des Glaubens eines Christen zielten.

Während seines Studiums in Paris legten Ignatius und eine Gruppe von Freunden ein Gelübde ab, ehelos und arm zu bleiben und sich auf eine Pilgerreise nach Jerusalem zu begeben. So wurde die **Societas Iesu** (die «Gesellschaft Jesu», der Orden der **Jesuiten**) geboren. Sie schworen dem Papst Gefolgschaft, und Ignatius wurde ihr erster General.

Thomas Cranmer, Erzbischof von Canterbury, wird wegen angeblicher Ketzerei auf dem Scheiterhaufen verbrannt
1556

In Frankreich bricht der erste Hugenottenkrieg aus
1562

 Ignatius ist vor allem aus zwei Gründen wichtig. Erstens werden die *Geistlichen Übungen* auch heute noch von Katholiken angewendet, als Hilfe, um ihr Leben Gott zu weihen oder diese Weihe zu erneuern. In vier Wochen durchlaufen sie …

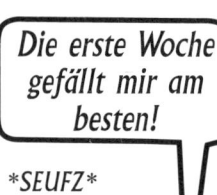

Die erste Woche gefällt mir am besten!

SEUFZ

Sünde,

das Königtum Christi,

seine Passion und

das Auferstehungsleben.

Zweitens gibt es die Jesuiten auch heute noch, und sie engagieren sich in der Bildung, in der Apologetik (gegen die Protestanten) und in der Mission in aller Welt (sie sind immer noch sehr stark vertreten in Amerika, Afrika und Asien). Die Soldaten Christi sprechen das folgende Gebet:

Lehre uns, guter Herr, dir zu dienen, wie du es verdienst; zu geben, ohne die Kosten zu berechnen; zu kämpfen und der Wunden nicht zu achten; uns zu mühen und nicht nach Ruhe zu verlangen, zu arbeiten und nicht um irgendeinen Lohn zu bitten außer dem Wissen, dass wir deinen Willen tun. Durch Jesus Christus, unseren Herrn.

Ignatius selbst gilt vielfach als eine der Schlüsselfiguren der **katholischen Reformation** oder **Gegenreformation**, wie sie auch genannt wird. Gemeinsam mit den übrigen Jesuiten bildete er eine starke Truppe, auf die sich der Papst in allen Fällen verlassen konnte.

KONZIL VON TRIENT

1545–63

Die **katholische Reformation** war sowohl ein nach innen gerichteter Versuch, einige der Probleme in Angriff zu nehmen, wie auch ein nach außen gerichteter Angriff gegen die Protestanten. Das **Konzil von Trient** (1545–1563) wurde von **Papst Paul III.** einberufen, um sich mit den Reformthemen zu befassen. Es bestand aus drei Hauptsitzungen, an denen Theologen und Priester aus ganz Europa teilnahmen. Einige Protestanten waren ebenfalls zugelassen, aber nur als Beobachter.

Im Wesentlichen war das Konzil eine Bekräftigung traditioneller römisch-katholischer Lehre. Die Machtstellung des Papstes wurde bejaht, ebenso wie die sieben traditionellen Sakramente, die Transsubstantiationslehre, der Zölibat der Priesterschaft, das Purgatorium (Fegefeuer) und die Rechtfertigung durch Glauben *und* Werke. Auch der Ablass wurde bestätigt, wenn auch der Missbrauch beim Handel damit kritisiert wurde. All diese Themen waren von den Reformatoren an verschiedenen Punkten attackiert worden. Somit war das Konzil ein Versuch, den bisherigen Standpunkt zu behaupten und die Autorität und Tradition der römisch-katholischen Kirche neu zu bekräftigen. Es war kein Gremium für Versöhnung, sondern ein Versuch, die Kirche in ihrer eigenen Reformationsphase zu stärken. Darin war es erfolgreich, denn nach jener Zeit griffen die Katholiken immer wieder auf das Konzil zurück und beriefen sich auf dessen Beschlüsse.

WILLIAM TYNDALE

Tyndales Einfluss auf die englischsprachige Christenheit ist riesig, hauptsächlich wegen seiner Bibelübersetzung. **William Tyndale** (ca. 1490–1536) studierte in Oxford und Cambridge. Als Tutor für eine wohlhabende Familie wurde er sich der Unwissenheit der Geistlichen in seiner Umgebung bewusst und beschloss, so vielen Menschen wie möglich Zugang zur Bibel zu verschaffen.

Bubu?!

Wenn Gott mein Leben verschont, werde ich, ehe viele Jahre dahingehen, dafür sorgen, dass ein Junge, der den Pflug schiebt, mehr von den Schriften weiß als du.

Die bis dahin einzige existierende englische Übersetzung war die von **Wyclif**, doch die war verboten, da sie von den **Lollarden**, den Anhängern **Wyclifs**, verteilt worden war.

Tyndale fand wenig finanzielle Untertützung für sein Projekt, da die Kirchenmänner damals den Einfluss **Luthers** fürchteten.

1524 ging er nach Deutschland, um unbehelligt an seinem Projekt arbeiten zu können, und ein Jahr später war er drauf und dran, es in den Druck zu geben, als er von den Behörden ausgehoben wurde.

Dennoch wurde seine Übersetzung des *Neuen Testaments* vollendet, gefolgt von einer Version des *Pentateuchs*. Exemplare von beiden wurden nach England geschmuggelt, dort jedoch verbrannt, wo immer sie auftauchten. Tyndale äußerte sich weiterhin schriftlich zugunsten der Reformation und wurde schließlich gefangen genommen und auf dem Scheiterhaufen verbrannt.

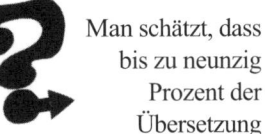

Man schätzt, dass bis zu neunzig Prozent der Übersetzung Tyndales die Grundlage für die spätere **King-James-Übersetzung** der Bibel bildeten. Diese war nicht nur für die Kirche, sondern auch für die Ausbreitung der englischen Sprache von grundlegender Bedeutung.

THOMAS CRANMER

Ein weiterer in Cambridge ausgebildeter Theologe, **Cranmer** (1489–1556), nahm an einer Diskussionsgruppe teil, die sich in einer Kneipe mit **Erasmus' griechischem Neuen Testament** beschäftigte. Von diesen Anfängen ausgehend, begann er die Struktur der **anglikanischen Kirche** zu prägen.

1532 wurde er von **König Heinrich VIII.** zum **Erzbischof von Canterbury** ernannt, dem wichtigsten Bischof in der englischen Kirche. Obwohl er sich nur widerwillig zum Erzbischof machen ließ, passte er Heinrich gut in den Kram, weil er davon überzeugt war, dass die Autorität des Monarchen gottgegeben war.

So ist's richtig!

Dazu kam, dass Cranmer *gerade* protestantisch genug war für einen König, der nicht zu weit gehen wollte. Heinrich war nicht auf einen großen Reformator aus. Sondern auf jemanden, der die Kirche durch die andauernden Auseinandersetzungen zwischen **Katholiken** und **Protestanten** führen konnte. 1534 erließ das englische Parlament die **Suprematsakte**, mit der die Trennung von Rom vollzogen und Heinrich zum Oberhaupt der Kirche von England wurde. Nach der Thronbesteigung **Edwards VI.** bestand Cranmers Leistung unter anderem darin, das erste englische …

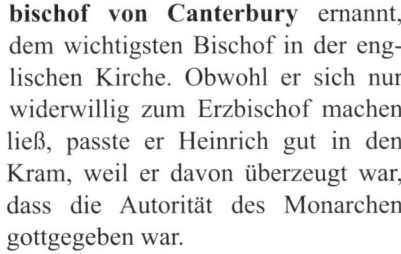

Book of Common Prayer

zu verfassen. Die Erstausgabe war noch katholiken-freundlich (zum Beispiel wurde die **Heilige Kommunion** darin als **Messe** bezeichnet), doch in seiner Revision von 1552 war es unverhohlen protestantisch. Dies bildete die Grundlage für das spätere gleichnamige … von 1662, ein Dokument, das die anglikanische Kirche seither geprägt hat.

Book of Common Prayer

1553 verfassten **Cranmer** und **Nicholas Ridley** (damals Bischof von London) die **42 Artikel**, aus denen später die *39 Artikel* … wurden, die Bekenntnisschrift der englischen Kirche.

39 Artikel

Als **Maria I.** («die Katholische» oder «die Blutige») den Thron bestieg, wurden die Protestanten **Hugh Latimer** und **Nicholas Ridley** auf dem Scheiterhaufen verbrannt. Cranmer war hin- und hergerissen zwischen seinen protestantischen Überzeugungen und seiner Treue zum Thron, die sein Glaube, wie er meinte, verlangte. Cranmer widerrief seinen protestantischen Glauben, wurde letzten Endes aber auch auf dem Scheiterhaufen verbrannt. Man erzählt sich, dass er bei seiner Hinrichtung als Erstes seine rechte Hand (mit der er den Widerruf unterzeichnet hatte) ins Feuer steckte, als Zeichen dafür, dass er seinen Widerruf zurücknahm.

Das ***Book of Common Prayer*** wurde zum einflussreichsten Buch in den englischen Gemeinden und machte alle, die in die Kirche gingen, mit Lehre und Glauben vertraut. In diesem und anderen von ihm verfassten Dokumenten legte Cranmer großes Gewicht auf die Relevanz der **Rechtfertigung durch den Glauben** für das alltägliche Leben.

Cranmer wollte die englische Kirche reformieren, nachdem klar war, dass Rom sich nicht selbst reformieren würde. Er glaubte an die gottgegebene Macht des Monarchen, was ihn in ein Dilemma führte. Sollte die Religion oder der Staat die höchste Autorität sein, der wir unsere Treue schulden? Oder hatte Cranmer recht damit, beides miteinander verbinden zu wollen?

Die *39 Artikel*, geschrieben 1563, wurden zum Lehrmaßstab der anglikanischen Kirchen in aller Welt. **Cranmer** hatte ursprünglich (im Jahr 1553) **zweiundvierzig** Artikel verfasst, und obwohl diese während **Marias** Herrschaft verboten waren, bildeten sie dann unter **Elisabeth I.** die Grundlage für die Herausgabe von **39 Artikeln.** 1571 wurden sie aus dem Lateinischen ins Englische übersetzt.

Die Artikel stellen einen Versuch dar, einen Mittelweg zwischen Katholizismus und Protestantismus zu beschreiten – eine **Via Media.** Die protestantische Theologie hatte natürlich Vorrang. Die Artikel äußerten sich klar zu den entscheidenden Fragen, doch sie hielten Überzeugungen und Praktiken, die der Lehre der Schrift nicht widersprachen, für erlaubt. Infolgedessen vermittelten die Artikel den Eindruck, Rücksicht auf katholische Traditionen zu nehmen, während sie dem reformatorischen Denken folgten.

RICHARD HOOKER

Als **Maria I.** 1558 starb, bestieg **Elisabeth I.** den Thron und führte die sogenannte **elisabethanische Einigung** herbei. Manche Protestanten waren damit zwar nicht völlig glücklich, doch die Königin war damit so weit gegangen, wie sie es gewollt hatte. Einige Puritaner, die in **Genf** im Exil gewesen waren, während Maria auf dem Thron gesessen hatte, hatten gelernt, dass die Kirche sich dem Staat nicht unterwerfen müsse. Doch im Gegensatz dazu war **Richard Hooker** einer von vielen, die die elisabethanische Situation als ideal betrachteten.

MARIA
KÖNIGIN VON
ENGLAND
& IRLAND

RUHE IN
FRIEDEN

Die Pest wütet wieder in Europa	Francis Drake bricht zur Weltumsegelung auf
1575	1577

Hooker (1554–1600) wurde in der Nähe von Exeter geboren, studierte in Oxford und zog 1585 nach **London**. Sein Hauptwerk waren … (erschienen 1661/1662 nach seinem Tod), in dem er argumentiert, die Form der Kirche von England habe viele Vorteile gegenüber anderen Formen der Kirchenführung. Seine Argumente folgten

der Denkweise von **Aristoteles** und **Thomas von Aquin** und bezogen sich auf den Gedanken, dass es ein unveränderliches Naturrecht gebe. Von dort ausgehend, pries er die Rolle des Monarchen in der Kirche von England.

Darüber hinaus verteidigte Hooker kirchliche Zeremonien, soweit sie nicht der Schrift widersprachen und sich entweder auf Vernunft oder Tradition berufen konnten. Dagegen argumentierten manche Puritaner, die kirchliche Praxis sollte sich nur an das halten, was in der Bibel ausdrücklich gelehrt werde.

Hooker ist eine wichtige Gestalt, wenn es darum geht, über Autorität, Tradition und Kirchenordnung nachzudenken.

Er steht für einen Mittelweg in den Debatten der englischen Reformation.

Die Pilgerväter erreichen auf der «Mayflower» Neuengland
1620

Ende des Dreißigjährigen Krieges durch den Westfälischen Frieden
1648

JOHN OWEN

John Owen (1616–1683) studierte am Queens College in Oxford und wurde in den 1640er-Jahren Geistlicher. In seiner weiteren Laufbahn wurde er schließlich Vizekanzler der Universität Oxford und arbeitete an **Cromwells** Kirchensystem mit. Dies sah vor, dass jede Gemeinde einen evangelischen Geistlichen irgendeiner protestantischen Denomination haben sollte, solange dieser Geistliche von einem denominationsübergreifenden Gremium für würdig befunden wurde. Ein solches System war in England in Kraft, bis **Karl II.** 1660 auf den Thron zurückkehrte und Owen bis zu seinem Tod verbannt wurde.

Owens Theologie ist bekannt für seine Betonung der **begrenzten Sühne**, ausgeführt in …

Wenn das Geschehen am Kreuz, so sein Argument, für alle Menschen gültig wäre, so wäre die Sühne eine unwirksame Lehre.

The Death of Death in the Death of Christ

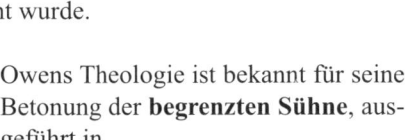

Warum? Weil das dafür spräche, dass das Kreuz Menschen nur *möglicherweise* retten könnte und somit niemandem das Heil sicher wäre. Wäre dagegen die Sühnewirkung begrenzt, so würden nur diejenigen gerettet, die Gott auserwählt hat, und zwar garantiert.

Der Lehre von der begrenzten Sühne wird oft der Vorwurf gemacht, sie sei eng und herzlos. Das heißt, nur manche Leute werden durch den Tod Christi gerettet, und wer nicht erwählt ist, hat keine Hoffnung. Dazu kommt, dass nach dieser Lehre die **Prädestination** der entscheidende Faktor zu sein scheint, nicht das **Kreuz**. Aber gibt es auch ein Argument, das für eine so starke Betonung der Souveränität Gottes sprechen würde? Und dafür, dass er letztlich retten kann, wen er will? …

JOHN BUNYAN

1628 als Sohn eines armen Kesselflickers geboren, trat **John Bunyan** in die Fußstapfen seines Vaters, bevor er im **englischen Bürgerkrieg** in der Armee des Parlaments kämpfte.

Darüber, woran er glaubte, begann Bunyan erst nachzudenken, als er heiratete. Nach seiner Bekehrung begann er in einer unabhängigen Gemeinde zu predigen. Doch etwa um diese Zeit wurde die britische Monarchie wiederhergestellt, und alle, die die anglikanische Einigung nicht akzeptieren wollten, wurden verhaftet. Bunyan verbrachte über zwölf Jahre in **Bedford** im **Gefängnis**. Als man ihm die Freiheit anbot, falls er sich bereiterklärte, mit dem Predigen aufzuhören, erwiderte Bunyan:

Befreit man mich heute, so werde ich morgen predigen!

Während seiner Haft verbrachte Bunyan viel Zeit mit Schreiben.

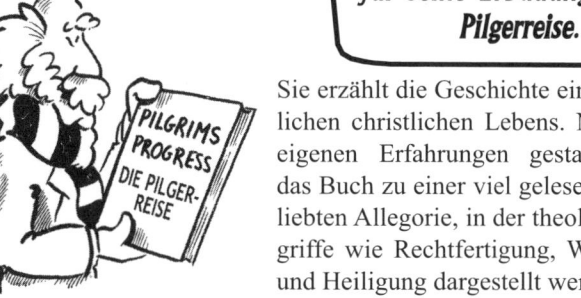

Am bekanntesten ist Bunyan für seine Erbauungsschrift **Pilgerreise.**

Sie erzählt die Geschichte eines gewöhnlichen christlichen Lebens. Nach seinen eigenen Erfahrungen gestaltet, wurde das Buch zu einer viel gelesenen und beliebten Allegorie, in der theologische Begriffe wie Rechtfertigung, Wiedergeburt und Heiligung dargestellt werden.

Neu-Amsterdam geht als New York an England
1664

Die historisch größte Eruption des Ätna findet statt
1669

Außerdem schrieb Bunyan das Buch …
das auf seinem Bekehrungserlebnis beruhte.

**Über-
strömende
Gnade**

1665

> 1688 starb er an Lungen-
> entzündung.

Als Calvinist ging es Bunyan besonders
darum, die Beziehung von Lehre und Leben sich vertiefen zu sehen und die Wahr-
heit des christlichen Glaubens durch Erfahrung darzustellen.

Pilgerreise

Die Tatsache, dass dieses Buch
für viele Christen im Rang nur
der Bibel nachsteht und dass es in
viele verschiedene Sprachen etliche Male übersetzt wurde, hebt
Bunyan als einen der wichtigsten
Prediger und Theologen heraus.
Karl II. fragte **John Owen**, einen an-
deren führenden Geistlichen jener Zeit, warum er sich einen Mann wie
Bunyan anhören sollte. Owen erwiderte:

*Mit Verlaub, Eure Majestät,
hätte ich des Kesselflickers
Talent zum Predigen, so
gäbe ich gern all meine
Gelehrsamkeit her.*

**Der englische Freibeuter Henry Morgan
brandschatzt Panama, die Einwohner
werden massakriert**

1671

**In Hamburg wird die Feuerkasse
gegründet, die älteste Versicherung
der Welt**

1676

PHILIPP JACOB SPENER

Auch Reformbewegungen können traditionell werden, und deshalb war das Losungswort der Reformationsbewegung: Weiterhin reformieren. Mit anderen Worten: immer schön auf den Beinen bleiben!

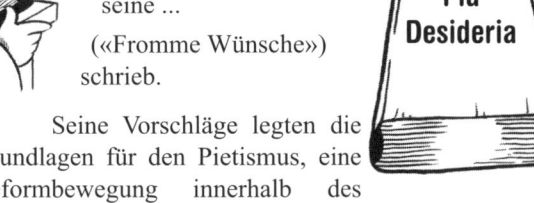

Philipp Jacob Spener (1635–1705) studierte in Straßburg und wurde dann Pfarrer in Frankfurt. Leider verzweifelte er an seiner Kirche und versuchte, seine Gemeinden aus ihrem Todesschlaf zu wecken, indem er 1675 seine ...

(«Fromme Wünsche») schrieb.

Pia Desideria

Seine Vorschläge legten die Grundlagen für den Pietismus, eine Reformbewegung innerhalb des Luthertums, und beeinflussten auch John Wesley. Spener wünschte sich, dass in den Gemeinden mehr in der Schrift gelesen würde, dass die Gemeindeglieder sich stärker engagierten, dass die Pastoren nicht nur akademisch, sondern auch in der Frömmigkeit geschult würden und dass die Predigten zu einem lebendigen, aktiven Glauben ermutigten.

Ha, ha. Ein Pietist – ein Frömmler!

Der Pietismus wurde zu einer verbreiteten und einflussreichen Bewegung innerhalb des Luthertums, obwohl damals ziemlich viele Geistliche empört darüber waren und die Bezeichnung «Pietisten» ursprünglich ein von den Gegnern der Bewegung verwendeter Spottname war. Spener selbst vertrat nicht alle charakteristischen Merkmale der pietistischen

Bewegung (zum Beispiel bestand er nicht auf einem umwälzenden Bekehrungsmoment, wie es manche späteren Pietisten taten), aber er warf Fragen auf, die viele gewöhnliche Menschen beschäftigten.

AUGUST HERMANN FRANCKE

August Hermann Francke (1663–1727) war ein Freund Speners, der Professor für Theologie an der Universität Halle wurde, mit der Spener ebenfalls verbunden war. Franckes Vorlesungen handelten vor allem von Hermeneutik, denn er glaubte, eine gründliche Schriftexegese sei wesentlich für eine gute Theologie. Öffentlich bekannt wurde Francke, weil er sich für den Pietismus aussprach, doch auch sein Interesse an notleidenden Kindern und ihrer Erziehung erregte Aufmerksamkeit. Er richtete eine Schule für Waisenkinder ein, in der die Kinder Kleidung und Essen erhielten und zugleich eine religiöse Erziehung genossen.

PIETISMUS

Wie wir bemerkt haben, reformieren, verändern und entwickeln sich alle Bewegungen innerhalb der Kirche über die Jahre. Der Pietismus war eine Bewegung innerhalb des Luthertums, die mit den Schriften und der Lehrtätigkeit Speners begann und sich dann innerhalb der lutherischen Kirche und darüber hinaus weiterentwickelte. Sie legte großes Gewicht auf die Rolle des Einzelnen in der Kirche (nicht nur der Priester oder Geistlichen). Das mag dazu geführt haben, dass die Aufklärung in der Kirche besser Fuß fassen konnte.

Der Pietismus breitete sich in Europa von Spener über Francke und noch weiter aus; er beeinflusste Wesley und die methodistische Bewegung, die wiederum auf die Vereinigten Staaten und Australien übergriff. Andere bemerkenswerte Abkömmlinge der pietistischen Bewegung sind **Nikolaus Ludwig von Zinzendorf**, der maßgeblich an der Gründung der **Herrnhuter Brüdergemeine** beteiligt war, und **Henry Melchior Mühlenberg**, der für die Gründung lutherischer Gemeinden in den USA verantwortlich war.

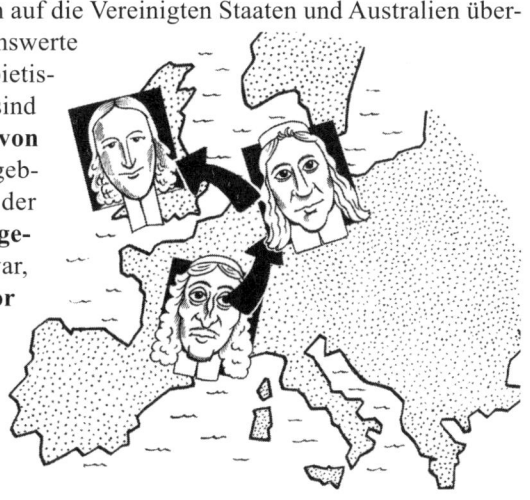

Eines der Merkmale des Pietismus wurde die Hervorhebung der Wiedergeburt, die mit der Zeit zu verschiedenen Interpretationen führte, wie diese stattfinden sollte und ob ihr eine qualvolle Buße vorausgehen müsse. Das brachte (aus der Sicht mancher Protestanten) die Gefahr der Bildung neuer Regeln, einer neuen Form der Rechtfertigung durch Werke, mit sich.

Es ist ein kleiner Pietist!

JOHN WESLEY

Die religiösen Erweckungen des achtzehnten Jahrhunderts sind nicht nur für die Kirchengeschichte von Bedeutung, sondern auch wegen der Theologie, die sie widerspiegeln. **John Wesleys** Bekehrung führte schließlich zum Aufstieg der Denomination, die wir als **Methodismus** kennen, obwohl Wesley, wie so viele große Gestalten der Theologie, nie die Absicht hatte, eine neue Bewegung zu gründen.

John Wesley (1703–1791) war das fünfzehnte Kind einer Familie in Lincolnshire. Er studierte in **Oxford**, wo er 1725 seine religiöse Bekehrung erlebte. Fortan wollte er nur für die Religion leben.

Mit seinem Bruder Charles leitete John eine Gruppe von Studenten in Oxford, die als «Heiliger Club» bekannt wurden, weil sie immerzu in der Bibel lasen, beteten, fasteten und Kranke besuchten.

Später wurden die Gruppenmitglieder wegen ihrer disziplinierten Methode des christlichen Lebens als **Methodisten** bezeichnet.

Ende des spanischen Erbfolgekrieges

Der französische König Ludwig XIV. stirbt nach 72 Jahren Regentschaft

1713

1715

1735 starb ihr Vater, und die Brüder gingen als Missionare nach **Georgia**, wo sie deutschen **Herrnhuter Brüdern** begegneten und von ihnen beeinflusst wurden.

Nach der Rückkehr nach England erlebte John noch eine Bekehrung, bei der sich sein Herz «seltsam erwärmte».

He, wer raucht da?

Dies war bei einer Versammlung der **Herrnhuter Brüder** in London. Er hörte gerade etwas über **Luthers** Verständnis des **Römerbriefs**, und diese Erfahrung gab ihm den Impuls für seine Mission.

Wesleys Hauptgewicht lag (**Luther** folgend) auf der **Rechtfertigung durch den Glauben**, die der Einzelne persönlich erlebt. Seine Predigttätigkeit führte zu einer Erweckung in **London**, in **Bristol** und anderswo.

Geschlossen

Die etablierte Kirche fand seine Predigttätigkeit überflüssig, so dass die «Methodisten» unter freiem Himmel predigen mussten, da ihnen die Kirchen verwehrt blieben.

Der Methodismus dreht sich um den Gott der Liebe. Die Tatsache, dass jeder gerettet werden kann und muss, trieb seine Mitglieder dazu an, jedem zu predigen, den sie erreichen konnten. Wesley selbst legte im Zuge seiner Predigttätigkeit jedes Jahr 4000 Meilen zu Pferd zurück.

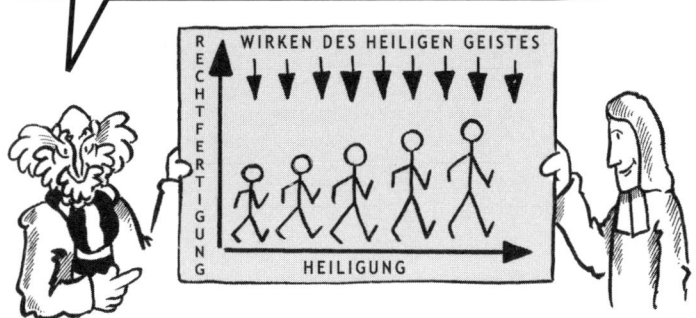

Dies war jedoch keine billige Gnade, denn zur Bekehrung gehören sowohl Rechtfertigung (vor Gott gerecht gemacht werden) als auch Heiligung (heilig gemacht werden).

RECHTFERTIGUNG

WIRKEN DES HEILIGEN GEISTES

HEILIGUNG

Wesley glaubte, dass diese Erneuerung das fortschreitende Wirken des Heiligen Geistes sei, dass aber die Vollkommenheit in diesem Leben nie völlig zu erreichen sei. Dies widerspricht der Lehre des **Perfektionismus** (der Vorstellung, dass Menschen schon jetzt vollkommen heilig werden könnten), die Wesley oft unterstellt wird.

Wesley unterstreicht, dass Theologie keine bloße akademische Übung ist. Seine Lehre basierte auf der Beziehung zu einem liebenden Gott; einer Beziehung, die ihn und andere dazu antrieb, zu evangelisieren, Bildung zu vermitteln, Literatur zu produzieren, Sonntagsschulen zu organisieren und sich sozial zu engagieren. In vieler Hinsicht war der Methodismus eine **zupackende Theologie**.

Die Grundlagen der überfließenden Liebe Gottes und die Hervorhebung der persönlichen Rechtfertigung allein durch den Glauben führten zu dramatischen Veränderungen in der Lebensführung der Menschen.

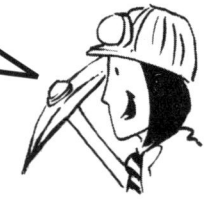

GEORGE WHITEFIELD

George Whitefield (1714–1770) bekehrte sich ebenfalls in Oxford und wurde als anglikanischer Priester ordiniert. Als Zeitgenosse und guter Bekannter **Wesleys** predigte er vor Tausenden in England, Schottland, Wales und Amerika.

Leider trennten sich die Wege der beiden nach einer Debatte über die **Prädestination**. Whitefield neigte dem **Calvinismus** zu und hatte Bedenken gegenüber dem von Wesley betonten Gedanken, das Heil sei nun für *alle* zugänglich. Aus der Spaltung gingen letzten Endes zwei Denominationen hervor – der **calvinistische** und der **arminianische Methodismus.**

Whitefields unbeirrbare Hingabe an die letztendliche Souveränität Gottes verband sich mit einem Heilsangebot an diejenigen, die glauben wollten. Er strebte nicht an, sich an die Spitze einer Form des Methodismus zu stellen, und ist bekannt für den Satz:

Der Name Whitefield soll vergehen, doch Christus soll verherrlicht werden!

Friedrich Wilhelm I. führt in Preußen die allgemeine Schulpflicht für Kinder von 5–12 ein
1717

England führt den Gregorianischen Kalender ein
1752

107

JONATHAN EDWARDS

Die religiösen Erweckungen in **Amerika** während des achtzehnten Jahrhunderts waren von der Führung und dem Denken eines großen Mannes geprägt: **Jonathan Edwards** (1703–1758). Aufgewachsen in einem christlichen Elternhaus, wurde Edwards nach seinem Studium an der **Yale-Universität** Geistlicher bei den Kongregationalisten und schlug eine Laufbahn ein, die ihm mal Ruhm und mal Vergessenheit bescherte. Sein Wirken wird allmählich als das eines der führenden theologischen und philosophischen Denkers Amerikas erkannt, denn er war ein Mann, der das strenge Denken der Philosophie mit tiefer theologischer Erkenntnis und glühender evangelistischer Verkündigung verbinden konnte.

Edwards war ein **strenger Calvinist**, der daran glaubte, dass gewisse Glaubensaussagen sich beweisen ließen – etwa die, dass es eine ewige Ursache des Universums gibt. Doch so viel die Vernunft auch beweisen mag, ohne Gottes **Selbstoffenbarung** tappen die Menschen letztlich im Dunkeln, denn sie sind …

von Natur aus blind für religiöse Dinge.

SÜNDE

Warum so blind? Vor allem wegen der Auswirkungen des **Sündenfalls**. Edwards gelang es, seine gesamte Theologie aus der Schrift herzuleiten und zugleich in einen Dialog mit Leuten wie **John Locke** und **Isaac Newton** einzutreten.

Der Franzosen- und Indianerkrieg in Nordamerika beginnt	Die Kölner Bucht wird von einem Erdbeben der Stärke 8 erschüttert	Beginn des amerikanischen Unabhängigkeitskrieges
1754	1756	1775

Im Mittelpunkt von Edwards' Denken stand die **Herrlichkeit Gottes**. Die Schöpfung war ein Akt seiner Herrlichkeit, und das Ziel der Gnade Gottes in Christus war ebenfalls seine Herrlichkeit. In …

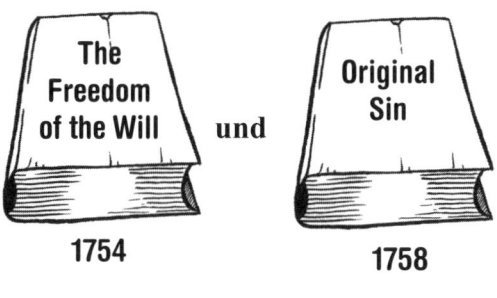

The Freedom of the Will

1754

und

Original Sin

1758

legte er seine Gedanken über die Beziehung der Menschen zu Gott dar. Freier Wille ist kein unabhängiges Handeln, sondern wenn jemand etwas entscheidet, dann handelt er seinem Charakter gemäß.

Edwards' Ziel war es, jeder Auffassung vom **freien Willen** entgegenzutreten, die die Schöpfungsordnung oder die Souveränität untergrub. So theoretisch sie erscheinen mochte, war Edwards' Theologie doch äußerst praxisbezogen. Obwohl er den Denkern der Aufklärung darin zustimmte, dass Menschen zu moralischer Erkenntnis fähig seien, kritisierte er diese Moral als ausschließlich dem Eigeninteresse dienend. Wahre Tugend bestehe darin, Gott zu lieben, und diese Liebe müsse sich dann praktisch auswirken.

Edwards beschäftigte sich unter anderem mit der Frage des freien Willens. Was meinen wir mit freiem Willen?
Sind wir frei, zu tun, was immer wir wollen? Oder gibt es Einschränkungen unserer Freiheit?
Und wenn Gott souverän herrscht: Wie viel von unserem freien Willen geht dann auf uns zurück – und wie viel auf ihn?

DU KANNST JETZT FREI ENTSCHEIDEN, ZU TUN, WAS IMMER DU WILLST.

Die Zeit der Reformation und danach war ein Wendepunkt sowohl in der Geschichte als auch in der Theologie.

Kultur,

Gesellschaft,

Sprache,

Staatswesen

und viele andere Aspekte des Lebens veränderten sich.

> *Die Theologie war gezwungen, sich auf ihre Quellen zurückzubesinnen und grundlegende Fragen darüber zu stellen, was es bedeutet, Christ zu sein.*

Das Gesicht der christlichen Theologie war seither nie wieder dasselbe, und es entstand eine dauerhafte Spaltung zwischen dem **Katholizismus** und dem **Protestantismus**.

Erst in jüngeren Jahren, in der Moderne, gibt es Bewegungen hin zu einer Versöhnung zwischen diesen beiden und den vielen anderen Denominationen innerhalb der Kirche.

DIE MODERNE

Die Theologiegeschichte zeigt, dass zu verschiedenen Zeitpunkten große Veränderungen vor sich gingen. Zur vielleicht größten Umwälzung sollte es in den letzten paar Jahrhunderten kommen.

Wichtige Philosophen (zum Beispiel Descartes und Kant) stellten in Frage, wie wir denken, und damit auch, wie Theologie getrieben wird.

Andere richteten Angriffe gegen grundlegende Überzeugungen (Darwin)

oder gegen die Art und Weise, wie wir an die Suche nach Gott herangehen (Freud und Marx).

Bibelkundler stellten die historische Zuverlässigkeit der Bibel in Frage (Harnack),

und andere übten Kritik an den grundlegenden Denkvoraussetzungen der Theologie (feministische Theologie und Befreiungstheologie).

Dazu kam, dass die Welt einige der schlimmsten Beispiele des Bösen und der Zerstörung aller Zeiten erlebte (zwei Weltkriege und den Holocaust).

Mitten in alledem blieben immer noch dieselben theologischen Fragen und Themen aktuell. Die moderne Theologie bleibt ein faszinierendes Feld und eine großartige Quelle für die Fortentwicklung der Theologie als Ganzes.

IMMANUEL KANT

Kant (1724–1804) war zwar kein Theologe, aber sein Denken war bedeutend für die Entwicklung der modernen Theologie. Seine philosophischen Überlegungen hatten Auswirkungen auf die meisten Bereiche der Theologie. Als Sohn eines Sattlers geboren, wurde er Professor für Logik in Ostpreußen. Heute gilt er als führende Gestalt der **Aufklärung**, einer geschichtlichen Periode, in der sich ein drastischer und rascher Wandel in der Art und Weise vollzog, wie die Menschen die Welt betrachteten.

Die Aufklärung war eine Zeit, in der die Menschen die Wichtigkeit der Vernunft erkannten und anfingen, das Denken und die Traditionen, die ihnen weitergegeben worden waren, in Frage zu stellen.

«**Epistemologie**» ist die Bezeichnung dafür, woher wir Dinge wissen können, wie Menschen zu Erkenntnis gelangen können.

Der **Empirismus** lehrt, dass wir Erkenntnis nur durch unsere Sinne gewinnen können, also durch das, was wir sehen, berühren und erfahren können.

Der **Rationalismus** lehrt, Erkenntnis komme durch das Denken, durch die Vernunft.

Schnüffel, schnüffel! Sabber! etc.

Sturm auf die Bastille | Französische Revolution
1789 | 1789 bis 1799

Sowohl in

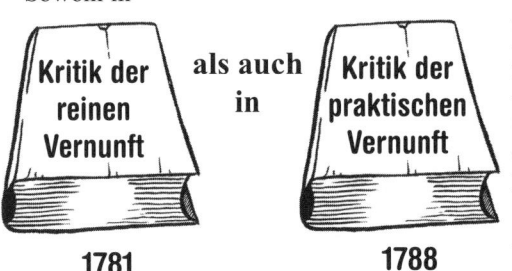

Kritik der reinen Vernunft **1781**

als auch in

Kritik der praktischen Vernunft **1788**

führte Kant diese beiden Denkweisen zusammen. Menschliche Erfahrungen seien wichtig, doch auch der Verstand habe eine Rolle zu spielen. Der Verstand sei es, der unsere Erfahrungen klassifiziert und in eine Ordnung bringt.

Kant war sogar der Meinung, Menschen seien nicht in der Lage, die Dinge an sich zu erkennen. Was wir erkennen, sei lediglich unsere Erfahrung der Dinge.

Bezüglich Gott bedeutet das, dass man keine Erkenntnis Gottes an sich haben kann. Die Vernunft hilft einem da auch nicht weiter, da jeder Versuch, Gottes Existenz zu beweisen, scheitern muss.

Wie kann dann aber Theologie überhaupt funktionieren? Für Kant kommt es auf den praktischen Glauben an.

Eine weitere Implikation, mit der Kants Werk die Theologie beeinflusst, liegt im Bereich der Ethik: Menschliche Vernunft ist die Quelle der Moral, doch um moralische Urteile fällen zu können, müssen wir davon ausgehen, dass Gott existiert.

FRIEDRICH SCHLEIER-MACHER

Eine der wichtigen Bewegungen innerhalb der modernen Theologie wurde als **liberaler Protestantismus** bezeichnet. Wie jede Bewegung war auch er breit gefächert und hatte viele Facetten und viele Vertreter. Der mit Abstand Berühmteste unter ihnen war **Friedrich Schleiermacher** (1768–1834), auch «Vater der liberalen Theologie» genannt.

Schleiermacher bekehrte sich durch die Herrnhuter Brüdergemeine. Sein Hintergrund war von Leuten wie Kant und Plato und von Bewegungen wie der Reformation, der Romantik und dem Pietismus geprägt.

Wie viele andere Theologen auch hatte er den Wunsch, den christlichen Glauben für seine Zeit zu rekonstruieren. Dieser Aufgabe widmete er sich in vielen Werken, darunter vor allem …

1799

Über die Religion
Reden an die Gebildeten unter ihren Verächtern

eine Verteidigung des Glaubens

und

1821–1822

Der christliche Glaube

eine systematische Theologie.

> Schleiermacher lehrte in Halle und Berlin.

Machtergreifung Napoleons in Frankreich
1799

Ende des Heiligen Römischen Reiches; Kaiser Franz II. aus dem Hause Habsburg-Lothringen legt die Krone nieder
1806

 Zwei Aspekte stehen in Schleiermachers Denken im Mittelpunkt.

Erstens die Überzeugung, dass Theologie auf die Gemeinde bezogen sein muss. Dies trieb Schleiermacher dazu an, alles auf die Situation der Zeit zu beziehen, und machte ihm die Hermeneutik wichtig.

Das Zweite und noch Grundlegendere war Schleiermachers Überzeugung, Theologie solle auf Gefühl und Erfahrung gegründet sein (statt auf die traditionellen Quellen der Kirchenautorität).

 In jedem Menschen gebe es ein Bewusstsein von Gott, eine Erkenntnis einer letzten Wirklichkeit, die nur darauf wartet, geweckt zu werden.

Führt man dies weiter, so besteht Theologie nicht mehr nur aus Worten oder Überzeugungen. Sondern Religion ist …

… das Bewusstsein, absolut abhängig zu sein, oder, was dasselbe ist, in Beziehung zu Gott zu stehen.

Hegel witzelte darüber, angesichts dieses Zusammenhangs zwischen Abhängigkeit und Religion müsse ein Hund wohl religiöser sein als sein Herr, weil er der Abhängigere von beiden sei!

Schleiermacher freilich meinte lediglich, dieses Gefühl absoluter Abhängigkeit zeige, dass niemand sich selbst genügen könne und es etwas Größeres gebe als die Welt; etwas, das diese zusammenhält. Was das mit dem Christentum zu tun hat? Das Christentum sei der beste Ausdruck dieses Bewusstseins.

Dieses System ging über die Grenzen hinaus, die Kant und andere der Religion auferlegt hatten. Bei der Religion geht es jetzt nicht mehr nur um Wissen und Handeln, sondern sie hat mit den Grundfesten der Wirklichkeit

CHRISTEN-TUM

zu tun. Die Implikationen dieser Herangehensweise sind vielfältig.

Religiöse Frömmigkeit rückt in den Mittelpunkt des christlichen Lebens. Offenbarung geschieht durch die **Erfahrungen** der Kirche und die Erfahrungen, die man beim Lesen des Neuen Testaments macht, etwa durch die Gefühle, die man dabei hat (aber nicht durch die **Worte** im Neuen Testament).

Das Neue Testament

Die menschliche Sündhaftigkeit spielte in Schleiermachers Theologie keine sehr große Rolle, und damit auch das Werk Christi am Kreuz nicht. Sünde wird neu interpretiert als Widerstand gegen das Gottesbewusstsein, und das Heil ist die Erweckung dieses Bewusstseins. Wer ist dann Jesus? Er ist der Archetyp des Gottesbewusstseins, der in das Mitfühlen mit der menschlichen Situation eintritt und alle, die an ihn glauben, mit dem Gottesbewusstsein ansteckt.

MITFÜHLEN MIT DER MENSCHLICHEN SITUATION

Prägte Schleiermacher damit eine rein subjektive Religion? **Barth** warf ihm vor, die Theologie auf die rein menschliche Ebene zu reduzieren. Doch Schleiermachers Betonung des Subjektiven ist ein wichtiger Teil der christlichen Erfahrung, und sein Gedanke des Abhängigkeitsgefühls bezieht sich durchaus auf etwas Äußeres, nicht nur auf reine Gefühle. Vielleicht war Schleiermacher zu sehr auf die menschliche Erfahrung fixiert, doch seine Theologie war ein Versuch, den christlichen Glauben gegen die Kritiker seiner Zeit zu verteidigen.

SØREN KIERKEGAARD

Der **Existenzialismus** ist eine weitere große Bewegung, die schwer einzugrenzen und zu definieren ist. Innerhalb dieser Strömung entwickelte **Søren Kierkegaard** (1813–1855) eine Form des christlichen Existenzialismus, der eine tiefgreifende Wirkung auf die moderne Theologie haben sollte.

Kierkegaard war Däne, Sohn eines Lutheraners, und lebte in Kopenhagen. Sein Vater beeinflusste ihn stark, während er aufwuchs, und hinterließ in Kierkegaard ein tiefes Ringen mit Schuldgefühlen. Einmal löste Kierkegaard eine Verlobung auf, was für ihn Ähnlichkeit mit der Bereitschaft Abrahams hatte, Isaak zu opfern, und somit zeigte, was es heißt, ein echter Jünger Christi zu sein.

Das hohe Ziel Kierkegaards war es, zu zeigen, was das Christentum eigentlich ist, und in der toten Christenheit den echten, lebendigen christlichen Glauben wieder einzuführen. Eines seiner Hauptanliegen war das Wesen des Glaubens. Glaube ist nichts, was man sich zu eigen machen könnte, indem man ein «Namenschrist» ist. Glaube ist nicht nur etwas rein Intellektuelles.

Sondern Glaube hat mit ethischem Handeln und praktischen Schritten zu tun. Mehr noch, beim Glauben geht es um ein Individuum, denn jeder Mensch ist Gott Rechenschaft schuldig, und jeder muss diese Schritte selbst gehen.

118

Was sind die Schritte des Glaubens?

Christlicher Glaube ist «die Aufgabe, subjektiv zu werden», also tatsächlich zu *sein*, sich auf **Kampf**, auf **Entscheidung** und auf **Handeln** einzulassen.

KAMPF

ENT-SCHEIDUNG

HANDELN

Kierkegaard war entsetzt darüber, dass Leute meinten, sie könnten Wahrheit von anderen übernehmen. Stattdessen sah er einen Christen als eine Person, die sich leidenschaftlich mit Gott beschäftigt und sich ihrer Sünde bewusst wird.

> *Innerhalb dieses Systems ist Jesus derjenige («der unendliche qualitative Unterschied»), der die Kluft zwischen Menschen und Gott überbrückt. Er spricht jetzt einzelne Menschen an. Er ist die Wahrheit, die wir erfassen müssen.*

MENSCH-HEIT

GOTT

In Jesus erscheint Gott «**inkognito**», denn das normale Auge kann Gott in Jesus nicht sehen, aber das Auge des Glaubens kann es.

Kierkegaards Betonung des Individualismus und seine daher rührende Trennung von der Kirche führte zu Zeiten tiefster Selbstzweifel, die er als ein Kennzeichen wahren Glaubens betrachtete.

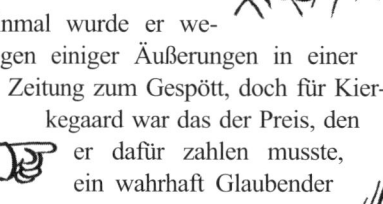

Genau. Das Zeichen wahren Glaubens … glaube ich … na ja, vielleicht auch nicht … ach, ich weiß eigentlich nicht.

Einmal wurde er wegen einiger Äußerungen in einer Zeitung zum Gespött, doch für Kierkegaard war das der Preis, den er dafür zahlen musste, ein wahrhaft Glaubender zu sein.

Kierkegaard veränderte also nicht wie der **liberale Protestantismus** das Christentum, damit es leichter zu schlucken wäre, sondern er bekräftigte die Anstößigkeit des Christentums.

Die existenzielle Stoßrichtung seines Werkes zielte auf das Subjektive, auf den individuellen Menschen. Dies jedoch nicht, um die Menschen über Gott zu stellen, sondern damit sie Gott begegnen und zu wahren Persönlichkeiten gemacht werden könnten. Eine berühmte Formulierung dieses Gedankens lautet:

«Die Subjektivität ist die Wahrheit.»

Das bedeutet nicht, dass Kierkegaards Theologie substanzlos gewesen wäre, sondern dass die Wahrheit, auf die es ankommt, innerlich mit Leidenschaft ergriffen wird: Glaube beinhaltet Risiko, persönliches Engagement und Erkenntnis Gottes durch Liebe zu ihm (nicht Liebe zu Gott durch Erkenntnis Gottes). Damit wandte sich Kierkegaard gegen vieles, was zu seiner Zeit gängig war. Sein Werk beeinflusste später **Barth**, **Bultmann**, **Heidegger** und **Sartre**.

CHARLES FINNEY

Mag sein, dass uns nicht sofort Erweckungen in den Sinn kommen, wenn wir an Theologen denken. Doch diese Ereignisse in der Kirchengeschichte hängen mit Leuten zusammen, die das, was sie zu tun versuchten, gründlich durchdachten. Der Amerikaner **Charles Finney** (1792–1875) ist als «Vater der modernen Erweckungsbewegungen» bezeichnet worden, hauptsächlich wegen des Einflusses, den seine Theologie auf Erweckungsversammlungen hatte.

Finney studierte Jura und wurde drei Jahre nach einem Bekehrungserlebnis (1821) als Geistlicher in der Presbyterianischen Kirche ordiniert. Im Laufe seines Lebens war er ein Evangelist, der rund um die Welt reiste, ein Pastor, ein Professor für Theologie am Oberlin College in Ohio und später Präsident desselben.

Finney war ziemlich radikal, indem er argumentierte, Erweckungen könnten tatsächlich gefördert werden. Gegen das vorherrschende calvinistische Denken seiner Zeit vertrat er die Ansicht, dass Menschen zu ihrer Bekehrung einen wichtigen Beitrag zu leisten haben. Buße ist nach Finney ein Willensakt, den ein Mensch vollbringen kann, ohne herumsitzen und «warten» zu müssen, bis Gott handelt. Finneys Theologie wurde als «New School Calvinism» bekannt und beinhaltete die Lehre, es sei möglich, die menschliche Natur und die Gesellschaft zu vervollkommnen.

NEUE CALVINISMUSSCHULE

Perfektes Resultat!

In Preußen werden die ersten öffentlichen Briefkästen aufgestellt
1824

Auf Hawaii eröffnet das erste Hotel
1825

Hinter seinem Denken stand, dass er nicht an die Ursünde glaubte, wie sie von den Calvinisten gelehrt wurde, sowie auch seine Überzeugung, moralisches Handeln sei ein isolierter freier Willensakt.

Das bedeutet: Um eine Entscheidung zu treffen, muss man einfach nur entscheiden. Es gibt nichts anderes, was auf diese Entscheidungen einwirkt. Nicht der moralische Charakter und auch nicht die Prägung, die man als Mensch bekommen hat.

 Finneys Theologie hat das evangelikale Christentum in Amerika sehr stark beeinflusst, und manche Kreise haben seine Gedanken über die Vorbereitung von Erweckungen ins Extrem geführt.

CHARLES HADDON SPURGEON

Der in Essex geborene **Spurgeon** (1834–1892) ist mehr als großer Baptistenprediger, der Tausende von Zuhörern anzog, in Erinnerung denn als Theologe. Nach einer dramatischen Bekehrung machte er sich eine evangelikale und calvinistische Theologie zu eigen, und er trug viel zur Ausbreitung des evangelikalen Christentums als Gegenreaktion auf den Liberalismus bei. Seine Theologie veranlasste ihn zu einem starken politischen und sozialen Engagement.

BENJAMIN WARFIELD

Die Evangelikalen stellen einen beträchtlichen Anteil der Christen in aller Welt dar. Das hat sich in der theologischen Szene nicht immer widergespiegelt, doch inzwischen greift die Erkenntnis um sich, dass die evangelikale Theologie ernst zu nehmen ist. Warfield war als Theologe ein Pionier für den Evangelikalismus und dessen Reaktion gegen den Liberalismus.

Benjamin Warfield (1851–1921) studierte am Princeton-Seminar in Amerika unter dem Einfluss der Philosophie des sogenannten «Scottish Common Sense» (dem «schottischen gesunden Menschenverstand»).

Nach seinem Abschluss heiratete er und unterrichtete dann Neues Testament und später Theologie in Princeton. Schon früh in ihrer Ehe wurde seine Frau krank, so dass er viele seiner Lebensjahre damit verbrachte, sie zu pflegen und zugleich seine Theologie zu entwickeln.

Warfield folgte dem Calvinismus von Charles Hodge (der einer der ersten Dozenten in Princeton war) und schloss sich nie dem «New School Calvinism» an, den Finney entwickelte. Seine Hauptarbeit bestand darin, die traditionelle Lehre gegen den Liberalismus zu verteidigen, und seine einflussreichsten Werke drehten sich um die Lehre von der Heiligen Schrift.

Das britische Empire schafft die Sklaverei ab

In Göttingen wird der elektromagnetische Telegraf erfunden

1833

Essay of Inspiration

1881

(«Eine Abhandlung über Inspiration»), geschrieben zusammen mit A. A. Hodge, war eine Reaktion auf die bibelkritischen Sichtweisen, die die Liberalen entwickelt hatten. Warfield argumentierte, die Schriften selbst legten Zeugnis davon ab, dass sie von Gott inspiriert seien, und somit seien die Originalmanuskripte der Bibel ohne Irrtum. Die göttliche Inspiration der biblischen Autoren bedeutete  nicht, dass die Bibel nur diktiert worden wäre, sondern dass Gott durch ihr menschliches Wesen wirkte. Auf diese Weise wurden die Worte der Verfasser zu Gottes eigenen Worten und somit unfehlbar.

Warfield kritisierte auch die unterschiedlichen Ansichten über das geistliche Leben, die zu seinen Lebzeiten herrschten: sowohl das romantisch-liberale geistliche Leben als auch das religiöse Erweckungsleben, das damals blühte.

Warfields Lehre von der Heiligen Schrift ist bis heute unter Evangelikalen einflussreich. Er und andere lieferten die Grundlagen für ein Projekt, das zwischen 1910 und 1915 erschien. Unter dem Namen *The Fundamentals* …

The Fundamentals

wurde eine Reihe von Heften herausgegeben, die auf die Kritik des Liberalismus antworteten und die Marschrichtung für den Evangelikalismus und Fundamentalismus der folgenden Jahre vorgaben.

Einem solchen Verständnis von der Inspiration der Schrift wird oft entgegengehalten, es ignoriere die menschliche Natur der Texte, die wir vorliegen haben. Macht man so nicht die menschlichen Autoren zu bloßen Schreibmaschinen, auf denen Gott schrieb?

Wenn wir allerdings die menschliche Natur zu sehr betonen, bekommen wir dann nicht am Ende eine Bibel, der wir weder vertrauen noch gehorchen können?

JOHN HENRY NEWMAN

Inmitten des viktorianischen Zeitalters, als sowohl der **Liberalismus** als auch der **Evangelikalismus** stark zunahmen, begann eine Bewegung, die den **Katholizismus** der anglikanischen theologischen Tradition betonte. **John Henry Newman** (1801–1890) war eine Schlüsselfigur in dieser **Oxford-Bewegung** und wurde besonders bekannt für seinen Übertritt in die römisch-katholische Kirche.

In London geboren, hatte Newman mit fünfzehn Jahren ein Bekehrungserlebnis unter dem Einfluss eines Evangelikalen. Während seines Studiums in Oxford hatte er Kontakt zu Liberalen und Männern der High Church wie etwa John Keble. Eine Zeit intensiven Studiums der Theologen der Alten Kirche veranlasste ihn zu seiner Annäherung an den Katholizismus.

1843 trat er von seiner Stellung als Pfarrer der Oxforder St. Mary's Church zurück und wurde 1845 in die Kirche Roms aufgenommen. Zwei Jahre später wurde er in Rom zum Priester geweiht und kehrte dann nach Birmingham zurück, wo er für den Rest seines Lebens arbeitete.

Durch die (letztendlich gescheiterte) Deutsche Revolution (auch Märzrevolution genannt) sollte ein national geeinter deutscher Staat mit einer freiheitlichen Verfassung entstehen

1848–49

 Newmans Name wird immer verbunden sein mit dem Denken über die Kirche und ihre Autorität – also mit der Ekklesiologie.

Ursprünglich dachte er, die Kirche von England, die nach der Reformation entstand, biete einen Mittelweg zwischen den Irrtümern des Katholizismus und des Protestantismus.

PROTESTAN-TISMUS

KATHOLI-ZISMUS

Doch nach und nach änderte er seine Meinung und freundete sich mit dem Gedanken an, dass die Kirche Roms die wahre Traditionslinie der Kirche darstellte, angefangen vom heiligen Petrus.

1845 veröffentlichte er sein «Essay»-Buch …

Essay on the Development of Christian Doctrine

(Abhandlung über die Entwicklung der christlichen Lehre). Darin rechtfertigte er nicht nur seine Konvertierung zum Katholizismus, sondern ging auch dem Gedanken nach, dass die christliche Lehre sich entwickeln könne. Diese Idee war nicht unbedingt neu. Woran aber konnte man erkennen, was eine legitime Entwicklung war und was eine falsche? Während er verschiedene Kriterien umriss, erkannte Newman, dass ein solches System einen maßgeblichen und regulierenden Interpreten brauchte. Dieser Wegweiser für die Interpretation von Lehrentwicklungen war für Newman die Kirche Roms.

Freilich war Newman der Gedanke unbehaglich, dass die Lehrentscheidungen des Papstes (und damit er selbst) unfehlbar sein sollten und er keinen Irrtum begehen könne, obwohl diese Überzeugung auf dem Ersten Vatikanischen Konzil bekräftigt wurde.

Newman war der Ansicht, dass auch andere zu Rate gezogen werden und dass die kirchlichen Strukturen kreativer sein sollten. Dieser Ansichten wegen betrachtete ihn die

Erstes Vatikanisches Konzil

römische Kirchenobrigkeit als den gefährlichsten Mann Englands!

Newmans ekklesiologische Gedanken hatten einigen Einfluss in der Oxford-Bewegung, erfuhren jedoch de facto erst im zwanzigsten Jahrhundert größere Anerkennung.

Manche haben das Zweite Vatikanische Konzil als «Newmans Konzil» bezeichnet, denn hier wurde erkannt, welche wichtigen Vorstellungen von der Kirche seine Theologie ans Licht brachte.
Weitere Werke Newmans waren …

An Essay in Aid of a Grammar of Assent

in dem er den religiösen Glauben und sein Wachstum analysierte, und …

Zweites Vatikanisches Konzil

The Idea of a University

in dem er die Rolle der Theologie in der universitären Bildung untersuchte.

Darwin veröffentlicht seine Evolutionstheorie
1859

SIGMUND FREUD

Wie die meisten Leute wissen, war **Sigmund Freud** (1856–1939) kein Theologe, doch sein Denken sollte erhebliche Auswirkungen auf das Studium der Religion und Theologie haben. Als Urheber der modernen Psychoanalyse versetzte Freud der christlichen Theologie einen besonders schweren Schlag.

Freud wurde als Jude in Mähren in einer achtköpfigen Familie geboren und schlug unter finanziellem Druck den medizinischen Ausbildungsweg ein. Bei der Behandlung von Patienten mit Neurosen experimentierte Freud erst mit Hypnose und ging dann später zur freien Assoziation über und untersuchte so die Instinkte und das Unterbewusste des Menschen. Von dort ausgehend, entwickelte er seine Theorien zur Psychoanalyse, in denen er unterschiedliche Bewusstseinsebenen (Es, Ich und Über-Ich) annahm, die sich auf das alltägliche Leben auswirken.

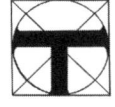

Freud war von Darwins Theorien beeindruckt und setzte große Zuversicht auf die Fähigkeit der Wissenschaft, den religiösen Erklärungen den Garaus zu machen.
Die Bücher …

Totem und Tabu **und** **Die Zukunft einer Illusion**

1913 **1927**

brachten seine Ansichten über Religion zum Ausdruck.

Danach ist Christentum im Grunde Wunschdenken. Es ist eine Illusion, von der die Menschen befreit werden müssen.

Florence Nightingale gründet eine Krankenpflegeschule

Der amerikanische Bürgerkrieg beginnt

1860   1861

Alle Religionen lassen sich als «die allgemein menschliche Zwangsneurose» klassifizieren. Es gibt in Wirklichkeit keinen Gott; wir wünschen uns nur, dass er existiert, um besser mit unserer Situation fertig zu werden.
Warum war Freud davon überzeugt? Seiner Meinung nach wird während der Kindheit die Sexualität unterdrückt, und das mit katastrophalen Folgen.

Also, ich will nicht, dass du an Sex denkst, klar? Ich will, dass du dir diese drei kleinen Buchstaben aus dem Kopf schlägst: S.E.X. Wenn ich dich dabei erwische, dass du auch nur von Sex redest ...

Diese Wünsche würden dann auf eine Gottesgestalt projiziert, um mit den Unsicherheiten fertig zu werden, die aus der Kindheit entstanden sind.

Als Illusion hielt Freud die christliche Theologie für gefährlich, für etwas, woraus Menschen aufgeweckt und wovon sie befreit werden müssten. Seine Theorien über Religion sowie jene über Sexualität und Psychoanalyse sollten im zwanzigsten Jahrhundert eine gewaltige Wirkung entfalten. **Darwin, Marx** und **Freud** zusammen stellten eine **riesige Herausforderung** an die **gesamte traditionelle Theologie** dar und brachten viele dazu, an ihren christlichen Überzeugungen zu zweifeln.

Ist es – selbst wenn man Freuds Theorie über den Ursprung der Religion nicht abschließend beurteilen kann – dennoch möglich, ihn für den logischen Schluss, den er vollzieht, zu kritisieren? Das heißt, angenommen, er hätte die menschliche Quelle für religiösen Glauben richtig identifiziert, würde das notwendigerweise bedeuten, dass Gott nicht existiert?

Gründung des Norddeutschen Bundes als Vorgänger des Deutschen Kaiserreichs von 1871

Eröffnung des Suezkanals

1866　　　　　　　　　　　**1869**　■ ■ ■ ■

ADOLF VON HARNACK

Der liberale Protestantismus wurde zu einer wesentlichen Größe innerhalb der Theologie und der Kirche. **Adolf von Harnack** (1851–1930) trug zu dessen Verbreitung bei und wurde zu einem seiner wichtigsten Wortführer. Nachdem Harnack ursprünglich in Leipzig, Marburg und Berlin Kirchengeschichte gelehrt hatte, führte ihn seine Arbeit schließlich zur systematischen Theologie und zur Bibelwissenschaft.

In seinem …

Lehrbuch der Dogmengeschichte

1886–1890

legte er sein theologisches Verständnis dar, und …

Das Wesen des Christentums

1900

war Ausdruck der liberalen Tradition.

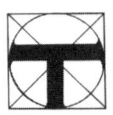

Bei seinen Studien zur Dogmengeschichte kam Harnack zu dem Schluss, das Christentum sei durch Paulus und später durch den Katholizismus auf eine Weise weiterentwickelt worden, die die ursprüngliche und viel pragmatischere Stoßrichtung der Lehre Jesu verfälscht habe. Fremde griechische Denkweisen seien in das reine Evangelium eingedrungen.

Aufgabe der Theologen sei es, diese griechische Hülle abzustreifen, die das Produkt einer bestimmten Zeit und Umgebung sei, um an den wahren Kern des Glaubens heranzukommen. Dieser Kern ist zeitlos gültig, und Harnack identifizierte diesen Kern als Jesu Lehre vom Reich Gottes.

GRIECHISCHER WAHRER GLAUBE EINFLUSS

Harnack wagte sich dann auch in die neutestamentlichen Studien und rekonstruierte einen hypothetischen Text, der schlicht als «Q» (die Logien- oder Redenquelle, also die Reden Jesu) bezeichnet wird, von dem viele annehmen, er stehe hinter den synoptischen Evangelien; und er äußerte eine konservative Ansicht, indem er ein frühes Datum für die Abfassung der synoptischen Evangelien nannte. Darüber hinaus spezialisierte er sich auf das Studium von Theologie, Geschichte und Literatur der Alten Kirche.

Das Bild von der Hülle und dem Kern hatte radikale Konsequenzen für das traditionelle Christentum. Harnack zufolge waren die Trinität und die Inkarnation …

die Frucht des griechischen Geistes auf dem Boden des Evangeliums.

Diese müsse nun eliminiert werden, denn die Botschaft Jesu betreffe nur den Vater, nicht den Sohn. Obwohl Jesus seine eigene Botschaft verkörpert habe, habe er nichts von der Inkarnation und der Trinität gelehrt. Seine Betonung liege vielmehr auf der ethischen Lehre, besonders auf der Vaterschaft Gottes, der Bruderschaft von Männern und Frauen und dem unendlichen Wert der menschlichen Seele.

Harnacks Einfluss auf die neutestamentliche Theologie ist beträchtlich. Vielleicht ging er mit seinem Versuch, die Hülle vom Christentum abzustreifen, zu weit. Doch seine Betonung der ethischen Lehre des Evangeliums war einer seiner vielen wichtigen Beiträge. Ist es im Lichte all dessen überraschend, dass Harnack große Sympathien für Marcion aufbrachte?

Deutsch-Französischer Krieg	Gründung des Deutschen Reiches	In der Schweiz fährt die allererste Zahnradbahn auf einen Berg
1870–71	1871	1871

ALBERT SCHWEITZER

In der Theologie wimmelt es von brillanten Geistern, und einer davon war sicherlich **Albert Schweitzer** (1875–1965). Geboren im Elsass, war er Philosoph, Theologe, Musiker und Arzt! Er beendete seine Tage als Missionsarzt in Afrika, wo er sogar sein eigenes Krankenhaus errichtete.

Sein wichtigster Beitrag zur Theologie war eine Analyse der liberalen Versuche, das Leben Jesu zu rekonstruieren.

In …

Geschichte der Leben-Jesu-Forschung

1906

argumentierte Schweitzer, all diese Rekonstruktionen seien lediglich Neuschilderungen des Lebens Jesu unter Hinzufügung des protestantischen Liberalismus. Sie alle spiegelten die jeweilige liberale Theologie der Autoren wider.

Statt dieses historischen Bemühens um ein Verständnis Jesu schlug Schweitzer vor, der Schlüssel dazu sei eschatologisch. Das heißt, die Lehre Jesu drehe sich ganz um die Endzeit, um das kommende Reich Gottes.

Siehe, das Reich Gottes ist nahe!

Jungfernfahrt und Untergang der Titanic
1912

Erster Weltkrieg
1914–18

Oktoberrevolution in Russland
1917

Jesu Gedanke sei es gewesen, dass er und alle seine Jünger sterben und dieses Reich herbeiführen würden. Tatsächlich sei Jesus für seine Jünger gestorben, und Paulus habe dann geglaubt, das Reich sei gekommen, obwohl das Reich unsichtbar war.

FÜR SEINE JÜNGER

> *Jesus predigte eine «Interims»-Ethik, die für die Zeit zwischen seinem Kommen und dem Kommen des Reiches Gottes galt.*

GOTTES REICH IST NAHE

SIE SIND/ DU BIST HIER

DAS ENDE

Diese Lehre bestand im Wesentlichen in der Ehrfurcht vor dem Leben – allem Leben, seien es Tiere, Pflanzen, Insekten oder etwas anderes. Schweitzer entwickelte diesen Gedankengang in einem großen Teil seines Werkes weiter.

Von den Liberalen wurde Schweitzer wegen seiner Angriffe gegen ihre Theologie kritisiert, von den Konservativen wegen seiner Interpretation des Lebens Jesu. Doch sein hilfreicher Beitrag war es, die Schwierigkeiten aufzuzeigen, in die ein großer Teil des Liberalismus geraten war.

GUSTAF AULÉN

Die Sühnelehre (also das, was nach dem Verständnis der Theologen am Kreuz geschah) ist ein entscheidender Punkt der Theologie. Wie entscheidend, zeigt sich daran, dass das englische Wort für «entscheidend» – «*crucial*» – sich von dem lateinischen Wort für «Kreuz» ableitet. Etwas ist «crucial», weil es im Mittelpunkt von allem steht, so wie das Kreuz im Mittelpunkt der christlichen Theologie steht. So ist auch **Gustaf Aulén** (1879–1977) für seine Ansichten über das Sühnegeschehen am bekanntesten geworden.

CRUCIAL ENTSCHEI-DEND

Als Theologieprofessor und Bischof in der schwedischen Kirche war Aulén einer der wichtigsten skandinavischen Theologen der Moderne.
Er leistete einen Beitrag zur Ökumene, indem er versuchte, Kirchen verschiedener Traditionen zusammenzubringen, trieb aber auch die **lutherische Theologie** voran. Sein theologisches Denken hatte viel Ähnlichkeit mit der neoorthodoxen theologischen Strömung, die **Karl Barth** folgte.

Sein wichtigstes Werk …

Christus Victor

entstand aus einem Vorlesungszyklus über die Bedeutung des Kreuzes. Aulén versuchte darin die Differenz zwischen den objektiven und den subjektiven Deutungen des Sühnegeschehens zu korrigieren.

Novemberrevolution in Deutschland;
Gründung der Weimarer Republik
1918

Erster Nonstop-Flug
über den Atlantik
1919

Die **objektiven** Theorien sagen, Jesus sei auf irgendeine Weise an die Stelle der Menschen getreten, so dass er die Strafe, die sie verdient hatten, statt ihrer am Kreuz auf sich nahm.

Die **subjektiven** Theorien sagen meist, dass der Tod Jesu ein Vorbild für die Menschen sein solle.

Zwischen diesen beiden äußersten Rändern des Spektrums sprach sich Aulén für das aus, was er die «klassische» Sicht des Sühnegeschehens nannte. Diese bestehe darin, dass das, was am Kreuz geschah, die Folge eines kosmischen Konfliktes zwischen Gott und den Kräften des Bösen war. **Am Kreuz triumphiert Gott** über das Böse, den Tod und die Sünde.

Aulén leitete diese Sicht des Sühnegeschehens über Irenäus und Luther aus dem Neuen Testament her und vertrat die Auffassung, sie müsse in seiner Zeit mehr Verbreitung finden.

Seine Ansichten wurden wohlwollend aufgenommen, wahrscheinlich weil er gerade in einem Jahrhundert schrieb, in dem Weltkriege allzu deutlich gemacht hatten, dass Kräfte des Bösen am Werk waren.

Die klassische Sicht des Sühnegeschehens zeichnet ein Bild von einem sehr gewichtigen anderen Verständnis dieser Lehre und erinnert die Theologen daran, dass es unterschiedliche Deutungen gibt, die sich nicht unbedingt gegenseitig ausschließen müssen.

Es gibt viele verschiedene Wege, darzustellen, was am Kreuz geschah – von einem Sieg zu einem Vorbild, von einer Genugtuung bis zu einer Stellvertretung.

Aber hatte Aulén recht damit, sie alle als rivalisierend zu betrachten? Oder ist es vielleicht möglich, einige davon oder alle als Darstellungen eines Teils der Wahrheit zu sehen?

Irland spaltet sich	Alexander Fleming entdeckt das Penicillin	Ermächtigungsgesetz; die Macht der Nationalsozialisten verfestigt sich
1921	1928	1933

RUDOLF BULTMANN

Ein ganzes Jahrhundert der Bibelwissenschaft und der Theologie ist von der Arbeit **Bultmanns** beeinflusst worden. Seine existenzielle Interpretation des christlichen Glaubens in dem Bestreben, Theologie für neue Generationen lebendig werden zu lassen, war eine Herausforderung für viele festgefügte Vorstellungen.

Bultmann (1884–1976) studierte in Marburg, Tübingen und Berlin. Seine Lehrtätigkeit bestand hauptsächlich aus einer dreißigjährigen Professur für Neues Testament in Marburg von 1921 bis 1951. Zum Studium und der Theologie des Neuen Testaments leistete er denn auch seine wichtigsten Beiträge.

Bultmanns Anliegen war es, modernen Männern und Frauen den Zugang zum Neuen Testament zu eröffnen, obwohl es in einer Welt entstand, die durch viele Jahrhunderte von der unseren getrennt ist.

Sein Einfluss war so groß, dass sein Hauptwerk … immer noch häufig zitiert wird.

1948

Bei Bultmann denkt man sofort an den Begriff «**Entmythologisierung**». Das heißt, Bultmann erkannte, dass die Bibel im Kontext einer übernatürlichen Welt geschrieben wurde, mit der wir heute gemäß Bultmann nichts mehr anfangen können. Das Neue Testament enthalte wichtige Lehren über die menschliche Situation, die sein *Kerygma*, seine Botschaft, genannt werden. Doch es sei in einer mythologischen Sprache geschrieben, die richtig interpretiert werden müsse.

Deshalb begann Bultmann einen Prozess, um das Neue Testament zu entmythologisieren und seine Texte auf die richtige Art zu deuten. Ein Mythos ist nicht unbedingt etwas «Unwahres», sondern eine bestimmte Art, eine Wirklichkeit der menschlichen Erfahrung auszudrücken.

stellte eine äußerst skeptische Herangehensweise an die neutestamentliche Geschichte dar. Bultmann glaubte, in den Evangelien sei nur sehr wenig historisches Material über Jesus enthalten, sondern vielmehr Informationen darüber, wie die frühen Christen Jesus verstanden hatten. Deshalb assoziiert man mit Bultmann auch die Gegenüberstellung der Begriffe «**der Christus des Glaubens**» und «**der historische Jesus**».

Diesen Weg schlug Bultmann jedoch nicht ein, weil er skeptisch um der Skepsis willen sein wollte, sondern er betonte die Wichtigkeit einer existenziellen Begegnung mit Gott, über ein rein historisches Wissen hinaus. Wesentlich sei die Glaubensentscheidung, mit der man auf das *Kerygma* antworte. Darin glaubte er der Linie Luthers zu folgen. Luther verurteilte die Abhängigkeit von menschlichen Werken und betonte die Rechtfertigung durch den Glauben. Bultmann verwarf darüber hinaus die Abhängigkeit der Menschen von historischer Erkenntnis und betonte die glaubende Antwort.

Hatte Bultmann, obwohl er das lobenswerte Ziel verfolgte, den Glauben verständlich zu machen, unrecht damit, das Geschichtliche als nahezu irrelevant zu behandeln? Tatsächlich haben neutestamentliche Historiker seit Bultmann gezeigt, dass wir über sehr viel mehr gesichertes historisches Wissen über Jesus verfügen, als Bultmann zugestehen wollte.

KARL BARTH

Das Gesicht der Theologie im zwanzigsten Jahrhundert veränderte sich dauerhaft durch den Beitrag eines Schweizer Theologen. Als einer der größten Theologen der Moderne steht **Barth** für eine wichtige kritische Antwort auf die Aufklärung und die Theologie des Liberalismus.

Barth (1886–1968) wurde in Basel geboren und studierte in Tübingen und Marburg, unter anderem bei Harnack. Von 1911 bis 1921 war er Pfarrer in Safenwil in der Schweiz, wo ihm nach und nach die Kriegswirren und seine Frustration über die liberale Theologie ihren Tribut abverlangten. Das Problem war, dass der Liberalismus Barth nicht verraten konnte, was er seiner Gemeinde Sonntag für Sonntag predigen sollte.

1919 veröffentlichte Barth seinen Kommentar …

Der Römerbrief

revidiert 1922

Im Mittelpunkt stand darin die Betonung der Souveränität Gottes, eines Gottes, der der «Ganz Andere» ist – völlig verschieden von allem, was wir uns je vorstellen können.

Barth engagierte sich stark in der **Bekennenden Kirche** in Deutschland, die die Nazi-Herrschaft ablehnte, und war maßgeblicher Verfasser der ***Barmer Theologischen Erklärung*** (1934), die sich Hitler entgegenstellte. Dafür wurde Barth in Deutschland seines Professorenamtes enthoben und musste nach Basel zurückkehren.

Deutschland fällt in Polen ein	Angriff auf Pearl Harbor	Die Mitglieder der Widerstandsgruppe «Weiße Rose» werden hingerichtet
1939	**1941**	**1943**

 Das Thema der Arbeit über den Römerbrief war «die Gottheit Gottes»: die Überzeugung, dass es einen radikalen Unterschied zwischen Gott und Mensch gebe und dass die Religion dies allzu oft vergesse. Gott ist Gott, nicht eine vergrößerte Version des Menschen.

Im Zusammenwirken mit dieser Betonung der Andersartigkeit Gottes griff Barth die Religion als menschliches Konstrukt an. Jede Form der Religion sei ein Versuch, Gott zu zähmen, ihn in eine Kiste zu packen, ja sogar vor Gott davonzulaufen. Das Christentum dagegen sei eine Offenbarung von Gott, auf die Menschen antworten können.

 Schon früh wurde Barth für seine «**dialektische**» Theologie bekannt, mit der er paradoxe Motive in der Theologie einander gegenüberstellte, um eine Wahrheit herauszuarbeiten. So sehen wir am Kreuz das **Nein Gottes**, seine Verurteilung der Sünde, und das **Ja Gottes**, als Christus von den Toten auferweckt wird.

Ein Grund, warum Barth diesen Weg einschlug, war, dass er nicht daran glaubte, Gott mit irgendeinem einzelnen Konzept erfassen zu können. Außerdem gebe es keine «Analogie des Seins» zwischen Gott und den Menschen, keinen Vergleich, den wir gebrauchen könnten, um Gott zu beschreiben und zum Beispiel zu sagen, seine Liebe sei wie unsere Liebe, nur besser. Alles, was wir über Gott wissen, kommt aus der Offenbarung seiner selbst.

Landung der Alliierten in der Normandie	Bedingungslose Kapitulation aller deutschen Streitkräfte	Atombomben fallen auf Japan
1944	8. Mai 1945	1945

Einen Großteil seiner Energie steckte Barth in das Schreiben seines vier Bände umfassenden unvollendeten Werkes …
in dem er den christlichen Glauben durchleuchtet.
Die vier behandelten Bereiche sind …

Kirchliche Dogmatik

DIE WORT-GOTTES-LEHRE

DIE GOTTESLEHRE

DIE SCHÖPFUNGSLEHRE

DIE VERSÖHNUNGSLEHRE

Im Kern ging es in der *Kirchlichen Dogmatik* um Jesus Christus und seinen Akt der Überbrückung der Kluft zwischen Gott und Menschen. Für Barth war die Christologie der Schlüssel zu allem.

Die zentrale Stellung Christi in Barths Theologie brachte es mit sich, dass er gegen jeden Versuch war, Theologie auf menschliche Vernunft zu gründen. Dies führte unter anderem zu einer Debatte mit **Emil Brunner** über die Rolle der natürlichen Theologie. Barth bestritt, dass ein solches Denken irgendeine Rolle spielen könne, da die Richtung der Theologie vom Göttlichen zum Erschaffenen fließen sollte, nicht von der Schöpfung zum Göttlichen. Brunner hingegen war bereit einzuräumen, dass es manche Dinge gebe, die wir unabhängig von der Offenbarung erkennen könnten. Beide Theologen sind als «neo-orthodox» etikettiert worden, doch letzten Endes schlugen sie in dieser Frage unterschiedliche Wege ein. Barth sagte einmal, er und Brunner seien wie der Elefant und der Wal – beide seien Gottes Geschöpfe, doch es sei ihnen bestimmt, sich niemals zu begegnen!

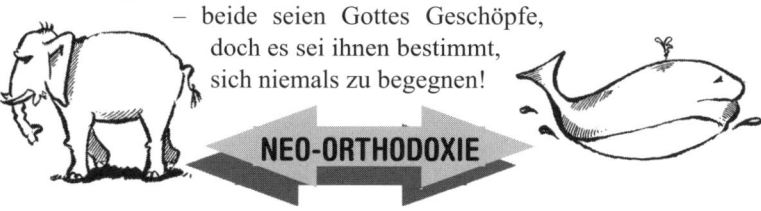

NEO-ORTHODOXIE

Barths ganze Haltung war darum der von **Schleiermacher** und anderen Liberalen strikt entgegengesetzt. Schleiermacher ging es um Religion; Barth ging es um das geoffenbarte Wort Gottes. Folglich bestand Barths Leistung darin, die Theologie neu um Christus als ihre Mitte zentriert zu haben.

Barths Beitrag war gewaltig. Er beeinflusste viele Theologen, darunter Leute wie **Jüngel** und **Bonhoeffer**. Andere hingegen, etwa **Pannenberg**, haben den Einwand erhoben, Barths Zutrauen zur Offenkundigkeit der Theologie sei so groß, dass er sich dem Vorwurf des **Fideismus** aussetze, indem er der Vernunft misstraue und den Glauben zu einem Sprung ins Ungewisse mache (der Einfluss Kierkegaards ist hier deutlich zu sehen). Wiederum, wenn das Werk Christi so stark betont wird, gibt es dann überhaupt noch Raum für Freiheit, Sünde und Rebellion? Andere haben Barth vorgeworfen, es fehle ihm eine angemessene Lehre vom Heiligen Geist. Doch auch wenn wir vielleicht sagen

können, Barths Theologie sei zu sehr «von oben» gewesen, nicht praktisch genug oder zu ontologisch, sollten wir uns angesichts eines so riesigen Beitrags davor hüten, uns viel von dem entgehen zu lassen, was dieser große Theologe zu sagen hatte.

Barmer Theologische Erklärung

Geschrieben 1934, wurde sie von Deutschen innerhalb der Bekennenden Kirche zusammengestellt, die gegen die nationalsozialistische Bewegung der «Deutschen Christen» waren, welche zu extremem Nationalismus und Antisemitismus neigten. An der Erklärung waren Leute wie Bonhoeffer und Barth beteiligt, und sie betonte die Autorität Christi und der Heiligen Schrift. Vor allem setzte sich die Erklärung gegen den Versuch zur Wehr, die Kirche der staatlichen Autorität zu unterstellen.

Erste Nationalratswahlen in Österreich nach dem Krieg	Gründung des Staates Israel	Das Grundgesetz der Bundesrepublik Deutschland wird in Kraft gesetzt
25. November 1945	**14. Mai 1948**	**23. Mai 1949**

REINHOLD NIEBUHR

Reinhold Niebuhr (1892–1971) war ein Theologe, der im vergangenen Jahrhundert eine herausragende Rolle im politischen und gesellschaftlichen Leben in Amerika spielte. 1914 machte er sein Examen in Yale und trat dann seinen Dienst in einer Kirchengemeinde in Detroit an, unter Menschen, die in der Autoindustrie arbeiteten. Diese praktische Erfahrung veränderte sein Denken in vieler Hinsicht und sollte prägend für die Theologie sein, die er entwickelte. Später wurde er Professor für Angewandte Theologie am Union Theological Seminary in

New York. Reinhold hatte einen Bruder namens Richard, der ebenfalls ein einflussreicher Theologe wurde.

Niebuhrs Erfahrungen unter Arbeitern zeigten ihm, dass die optimistischen Vorstellungen des liberalen Protestantismus über die menschliche Natur und die Gesellschaft völlig in die Irre gingen. An der tiefsten Wurzel des Lebens, des individuellen wie des kollektiven, stecke die Sünde, deren Essenz der Stolz sei. Der liberale Protestantismus hatte versucht, die Sünde abzuschaffen, und war voller Hoffnung gewesen, was der Mensch erreichen könne. Niebuhr erkannte die Ungerechtigkeit, die dadurch in die sozialen und institutionellen Ebenen des Lebens hineingekommen war, und sprach sich darum dagegen aus.

Solche Gedanken präsentierte er in seinem Buch … (Moralischer Mensch und unmoralische Gesellschaft).

Moral Man and Immoral Society

1932

Allein die Gerechtigkeit und Transzendenz Christi stelle sich den in der Gesellschaft wirkenden Machtstrukturen entgegen. Diese Gerechtigkeit könnte die Arbeitswelt und die Gesellschaft gerechter machen.

The Nature and Destiny of Man

1941–1943

(Die Natur und die Bestimmung des Menschen) wurde Niebuhrs ausführlichste Darlegung seiner Theologie.

Niebuhr war spürbar vom marxistischen Denken beeinflusst, und vielleicht war er nahe daran, ein christlicher Marxist zu werden, der die Übel der Gesellschaft insgesamt anklagte. Später jedoch äußerte er auch am Marxismus scharfe Kritik, und in den Nachwehen des Zweiten Weltkriegs wurden ihm die Probleme des Kalten Krieges zum Anliegen.

Jemand, der sich gegen Ungerechtigkeit wendet und versucht, die Schwere der Sünde in der christlichen Theologie wieder zur Geltung zu bringen, ist ein Theologe, auf den man achten sollte. Es gibt eine Reihe Kritikpunkte an Niebuhr. Barth meinte, er ließe sich seine theologische Agenda zu sehr von der Welt vorschreiben. Andere haben gesagt, Niebuhr habe in seinem Bestreben, Ungerechtigkeit zu bekämpfen, die christliche Liebe außer Acht gelassen, oder er sei zu pessimistisch im Blick auf die menschliche Natur gewesen.

Trotz alledem zogen Politiker und andere Leute Niebuhr bei vielen Problemen zu Rate, während er ein führender Theologe wurde, der bemüht war, seine Theologie auf die großen Probleme der Welt anzuwenden.

PAUL TILLICH

Viele liberale Theologen haben es nie darauf angelegt, «liberal» zu sein. Vielmehr war es ihr Ziel, den christlichen Glauben neu zu erzählen, und zwar so, wie es für die moderne Welt relevant und angemessen war. **Paul Tillich** war ein moderner Philosoph und Theologe, der genau das versuchte.

Paul Tillich (1886–1965) studierte in Deutschland, doch als 1933 Hitler an die Macht kam, emigrierte er in die Vereinigten Staaten, wo seine Karriere aufblühte. In seinem Werk ist das Denken verschiedener Leute wiederzuerkennen, von Leuten wie **Schleiermacher** bis zu dem psychologischen Werk von **C.G. Jung**.

Tillichs wichtigstes Werk war seine dreibändige …

in der die «Methode der Korrelation» eine wichtige Rolle spielt.

Systema-tische Theologie

1951–1963

Was ist Tillichs Methode der Korrelation? Kurz gesagt, analysierte Tillich die menschliche Situation, in der wir uns alle befinden. Diese Situation wirft eine Reihe von existenziellen Fragen auf, also Fragen, die unser Sein betreffen.

Was tun wir?

Warum sind wir hier?

Und so weiter …

Wie bewältigen wir das Leben?

Wenn wir dann den christlichen Glauben betrachten, liefert uns die Theologie «Symbole», die uns tatsächlich Antworten auf diese Fragen geben.

Symbole waren Tillich wichtig, weil er meinte, Theologie sei immer damit beschäftigt, Symbole zu verwenden, um auf die Dinge hinzuweisen, die sie symbolisieren. Doch Symbole seien nicht nur Wegweiser, sondern etwas noch Wichtigeres: Symbole können auch an dem Ding, auf das sie verweisen, Anteil haben. Ein oft gebrauchtes Beispiel dafür ist das der amerikanischen Flagge. Die Flagge verweist auf die Größe der amerikanischen Nation, doch sie hat auch Anteil daran. Mehr noch verweisen christliche Symbole über sich selbst hinaus auf den, der «der Grund ihres Seins» ist, also Gott.

Mit christlichen Symbolen gewappnet, liefert der Theologe Antworten auf die Fragen, die die Welt aufwirft, und stellt so eine Korrelation zwischen den beiden her.

Tillich hob fünf Bereiche der Korrelation hervor:

Vernunft und Offenbarung	**Menschliche Existenz und Christus**

Sein und Gott

Die Ambiguität zwischen Leben und Geist	**Die Bedeutung der Geschichte und des Reiches Gottes**

Aufgrund dieser Methode der Korrelation, so Tillich, und aufgrund der Natur Gottes könne Theologie niemals endgültig sein – sie ist immer dabei, sich auf das «letzte Anliegen», nämlich Gott, hinzuarbeiten, ohne es je zu erreichen.

Tillich ist ein großartiges Beispiel für jemanden, der versuchte, den Glauben neu zu formulieren und dabei alles zu berücksichtigen, was die moderne Welt zu bieten hat.

Allerdings ist diskutierbar, ob die Fragen, die er aus der menschlichen Erfahrung herausschälte, echte Fragen sind oder solche, die er heranzieht, weil sie gut in sein Konzept passen. Oder genauer: Sind die Antworten, die seine Theologie liefert, von den Fragen bestimmt, oder ist es vielleicht vielmehr umgekehrt?

TEILHARD DE CHARDIN

Der französische römisch-katholische Theologe **Pierre Teilhard de Chardin** (1881–1955) war stark von darwinschen Theorien beeinflusst und wurde deswegen für seine Ansichten heftig getadelt. Er sah die Theologie aus dem Blickwinkel der Evolution und meinte, so wie die Menschen sich aus der Ursubstanz des Planeten Erde heraus entwickelt hätten, habe sich das menschliche Bewusstsein zu einem spirituellen Bewusstsein entwickelt. All dies wird zusammengezogen an dem Omega-Punkt, der Gott ist, und Christus ist der höchste Ausdruck der Liebe Gottes, die diesen Evolutionsprozess steuert.

ICH HABE EINE BANANE

ICH HABE EINE SEELE

Sein Hauptwerk …

Der Mensch im Kosmos

1955

legt diese These dar.

Kritik an seinem Werk: Wenn Gott veränderlich ist und mit der materiellen Welt verbunden wird, fängt er an zu «verschwinden», und das Christentum verliert seine Identität.

DIETRICH BONHOEFFER

Bonhoeffer (1906–1945) wuchs als Lutheraner auf und studierte in Berlin und Tübingen, doch zwischen den beiden Weltkriegen wurde er desillusioniert im Blick auf die liberale Theologie. **Bonhoeffer**, der ein Zeitgenosse von **Karl Barth** war, hatte Sorge, dass der Liberalismus der Erfahrung zu viel Gewicht gegenüber der Schrift gab.

ICH MAG IHREN STIL!

Bonhoeffer schrieb und hielt Vorlesungen über Theologie und diente außerdem als Pfarrer in einer Reihe von Gemeinden. Er bereiste die Welt, studierte in Amerika, arbeitete als Pastor in London und wurde von **Mahatma Gandhi** offenbar zu einem Besuch in Indien eingeladen, weil Bonhoeffer sich für dessen gewaltlosen Widerstand interessierte. Doch zu diesem Besuch kam es wohl nie, weil sich mittlerweile in der Kirche der Widerstand gegen die nationalsozialistischen «Deutschen Christen» formierte.

Seine bedeutendsten Werke sind …

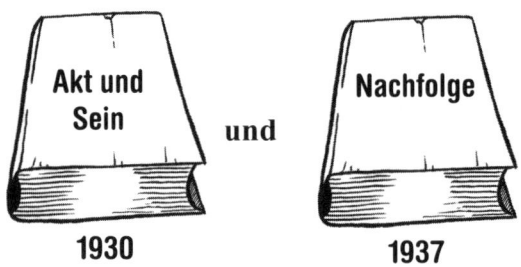

Akt und Sein

und

Nachfolge

1930

1937

 *Nachfolge* beschäftigt sich mit der Bergpredigt und ist vielleicht sein meistgelesenes Werk. Es legt dar, wie man mitten in einer rauen und von Gewalt beherrschten modernen Welt (für Bonhoeffer war dies das Deutschland der Nazis) Christ sein und für Christus einstehen kann.

 Bonhoeffers bedeutendste Rolle war vielleicht sein Beitrag zur Gründung der Bekennenden Kirche. Unter Hitler wurden die protestantischen Kirchen gezwungen, das Naziregime zu unterstützen. Die **Bekennende Kirche** begann als **Untergrundbewegung**, und 1934 verkündete die **Barmer Theologische Erklärung** (verfasst von Barth und anderen), die deutsche Kirche sei kein Organ des Staates und allein Christus untertan.

 1940 bekam Bonhoeffer zunächst ein Redeverbot erteilt, dem 1941 auch das Verbot schriftstellerischer Tätigkeit folgte, bevor er 1943 schließlich verhaftet wurde. Nach der Haft in Berlin und einer Reihe von Konzentrationslagern wurde er einen Monat vor Kriegsende in **Flossenbürg** durch den Strang hingerichtet.

In protestantischen Kirchen rund um die Welt bleibt Bonhoeffer als ein ernsthafter Intellektueller in Erinnerung, der sich mit der modernen Welt auseinandersetzte und darin vielen als ein Vorbild gilt.

JÜRGEN MOLTMANN

In der jüngeren modernen Theologie gibt es zahlreiche Versuche, an die Debatten der Vergangenheit anzuknüpfen. Eine Reihe von Theologen jedoch haben versucht, die Lehre auf eine neue und einfallsreiche Art umzuformulieren. Moltmann und **Wolfhart Pannenberg** sind nur zwei Beispiele dafür.

Jürgen Moltmann (geb. 1926) geriet im Zweiten Weltkrieg in Kriegsgefangenschaft und wurde während dieser Zeit Christ. 1952 wurde er Pfarrer und 1967 Professor für Systematische Theologie in Tübingen. Sein theologisches Denken legte er zunächst in einer Trilogie von Arbeiten vor, die er seither durch eine Reihe umfangreicher Werke ergänzt hat, in denen er seinen Bezugsrahmen für konkrete christliche Lehren entfaltet.

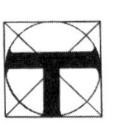 1964 veröffentlichte Moltmann sein Buch …
Dessen Hauptziel ist es, den Gedanken der **eschatologischen Hoffnung** in der Theologie wieder zur Geltung zu bringen. Eschatologische Hoffnung (die Hoffnung, die aus dem Wissen kommt, dass alles ein Ende und ein Ziel hat) ist lebenswichtig für die Theologie.

Theologie der Hoffnung

1964

Häufig ist diese Hoffnung in der Kirche aus dem Blick geraten. Entweder fällt es uns schwer, zu glauben, was die Bibel über die Endzeit sagt, oder wir sagen, Jesus habe nun einmal einer vergangenen Epoche angehört und Dinge geglaubt, die wir nicht mehr glauben können.

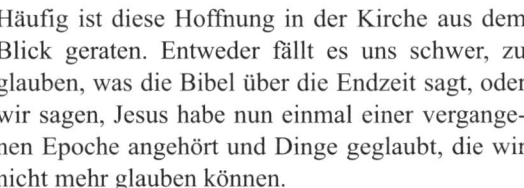

Auf der anderen Seite hat die Kirche oft ihre Hoffnung auf einen zeitlosen Gott gesetzt, der mit unserem Leben im Hier und Jetzt nichts zu tun hat. Oder Christen haben ihre Hoffnung in kirchliche Strukturen oder vermeintlich christliche Gemeinschaften gesetzt.

Moltmann sagt, all das sei falsch. Der Mittelpunkt des Christentums sei die Auferstehung, die eine Hoffnung auf völlige Veränderung aller Dinge mit sich bringe.

Eine solche Hoffnung dränge uns dazu, Dinge in dieser Welt, wie wir sie jetzt vorfinden, zu verändern, uns nicht nur um **Orthodoxie** (den richtigen Glauben), sondern auch um **Orthopraxie** (das richtige Handeln) zu bemühen. Moltmann folgt in manchem der Theologie Barths, besonders jedoch dem marxistischen Denken und einem bestimmten marxistischen Philosophen, **Ernst Bloch**, der betonte, die Menschen hätten eine Offenheit für die Zukunft, die sich auf das auswirke, was sie in der Gegenwart tun.

Moltmanns zweites Werk innerhalb der Trilogie …

Der gekreuzigte Gott

spricht von der leidenden Liebe Gottes. Im Zentrum jedes Kreuzesverständnisses stehe der Aufschrei Jesu, Gott habe ihn verlassen. So leidet Gott auf ganz reale Weise am Kreuz durch Christus.

1972

Ein Gott, der nicht leiden kann, ist ärmer als jeder Mensch. Denn ein Gott, der leidensunfähig ist, ist ein Wesen, das nicht beteiligt sein kann. Leiden und Ungerechtigkeit berühren ihn nicht. … So ist er auch ein liebloses Wesen.

Hillary besteigt den Mt. Everest
1953

Österreich erhält seine volle staatliche Souveränität zurück
1955

Das dritte Werk trug den Titel …

Kirche in der Kraft des Geistes

1975

Moltmann hat stets Kritik auf sich gezogen, doch die meisten Theologen applaudieren ihm für sein Bemühen, der biblischen Geschichte treu zu bleiben und zugleich praktisch zu werden. Manchmal führte dieser praktische Schwerpunkt auch dazu, dass er selbst höchst kritisch wurde, aber die Wiedereinführung einer positiven Eschatologie in die christliche Theologie ist enorm wichtig.

In *Der gekreuzigte Gott* spricht Moltmann vom Leiden Gottes. So führt er den Gedanken der göttlichen Leidensfähigkeit ein, wonach Gott leiden könne, im Gegensatz zur Leiden(schaft)slosigkeit. Wie verhält sich das zu unserem traditionellen Verständnis von Gott und zu den verschiedenen Arten und Weisen, wie die Bibel Gott darstellt?

GOTT KANN LEIDEN

WOLFHART PANNENBERG

Als evangelischer Theologe, dem es sowohl um die Geschichte als auch um die existenzielle Begegnung mit Christus ging, ist **Pannenberg** (geb. 1928) eine wichtige Gestalt in der Theologie des zwanzigsten Jahrhunderts. Der in Stettin geborene Lutheraner ist am besten bekannt für sein Bemühen um die Geschichte und seinen Schwerpunkt auf der Eschatologie.

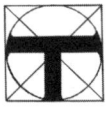

Pannenberg hat betont, wie wichtig die Geschichte für die Theologie ist. Jesus war eine historische Person, die Offenbarung Gottes. Die Inkarnation, also Fleischwerdung, ist notwendig, sonst steht die Theologie vor einer gnostischen Häresie.

HISTORISCH

Im Gegensatz zu Bultmann sieht er es als möglich und als notwendig an, die Geschichte Jesu zu etablieren. Der historische Jesus offenbare den wahren Gott und sei der Gipfel der Pläne Gottes.

Pannenbergs Christologie geht also von unten nach oben: Er baut seine Sicht Christi vom historischen Jesus nach oben hin auf, nicht vom göttlichen Wort her nach unten.

Das grundlegende Ereignis für das Verständnis Jesu ist die Auferstehung, denn sie ist es, die ihm seinen vollen Status verleiht.

Dieser historischen Schwerpunktsetzung fügt Pannenberg einen einzigartigen Beitrag hinzu: Alle Geschichte findet ihren letzten Sinn im Ende, also in der Eschatologie. Wenn Gott alle Dinge zusammenführt, wenn die letzten Tage anbrechen, wird die Geschichte ihr eigenes Ziel erreicht haben. Dies wird «**die ontologische Priorität der Zukunft**» genannt. Das bedeutet, dass das ganze Leben von dem, worauf es hinausläuft, bestimmt ist und von dort seinen Sinn bekommt.

ACH, JETZT ERGIBT ES EINEN SINN!

Pannenberg vereint eine Reihe wichtiger Elemente der modernen Theologie. Er wollte nicht nur kreativ sein, sondern auch an die Tradition anknüpfen. Theologie mit Geschichte zu verbinden ist eine wichtige Übung, um die Beziehung zwischen der Menschheit und Gott zu verstehen.

Juri Gagarin fliegt als erster Mensch ins All
1961

Bau der Berliner Mauer
1961

Sechstagekrieg in Israel
1967

153

KARL RAHNER

In der Moderne war es nicht nur der Protestantismus, der sich darum bemüht hat, den christlichen Glauben für unsere Zeit relevant zu machen. Auch römisch-katholische Theologen haben mit dieser Aufgabe gerungen und versucht, sich dem modernen kritischen Denken zu stellen, um die Theologie ins zwanzigste Jahrhundert zu holen. **Karl Rahner** und **Hans Küng** sind Beispiele solcher Theologen.

Karl Rahner (1904–1984) wurde zu einem der einflussreichsten katholischen Theologen des zwanzigsten Jahrhunderts und spielte neben vielem anderen eine wichtige Rolle als päpstlicher theologischer Berater vor und nach dem **Zweiten Vatikanischen Konzil**. Er wurde zunächst jesuitischer Priester und lehrte dann in Deutschland und Österreich. Typisch für seine Methode war es, dass er lieber Abhandlungen schrieb als ganze Bücher.

Würg, ich hasse Abhandlungen!

Zu seinen Lebzeiten und danach wurde er besonders bekannt für seine Essaysammlungen … Rahner war beeinflusst vom Existenzialismus **Martin Heideggers**. Grundlage von Rahners Theologie ist die menschliche Erfahrung, ausgedrückt in theologischen Begriffen, also eine **theologische Anthropologie**.

Schriften zur Theologie

Der Schlüssel zu allen theologischen Fragen ist für Rahner die menschliche Erfahrung. Dabei geht es jedoch nicht um jede beliebige Erfahrung, sondern um das menschliche Leben, insofern es über sich selbst hinausweist auf eine **transzendentale Erfahrung**.

Was ist denn eine transzendentale Erfahrung?

Keine Ahnung, Mann!

> *Was er damit meint, ist, dass alles menschliche Leben offen ist für ein unendliches Mysterium, das hinter der ganzen Welt steht. Wir nennen dieses Mysterium Gott.*

Für Rahners Theologie hat das die Konsequenz, dass er versucht, die traditionellen Lehren der Kirche so zu verstehen, dass sie Bedeutung für moderne Menschen haben können …

> *Was heißt traditionell?*

… und zwar nicht irgendeine Bedeutung, sondern existenzielle Bedeutung; eine Bedeutung, die Auswirkungen auf unser Leben hat.

Alle Menschen haben die freie Wahl, die Gnade Gottes, die in der menschlichen Natur bereits gegenwärtig ist, anzunehmen oder abzulehnen.

Rahner schrieb auch viel über die Trinität, die Kirche, den Tod und das geistliche Leben. Außerdem verfasste er eine systematische Theologie …

Grundkurs des Glaubens

1976

Eine der bekanntesten Auswirkungen seiner theologischen Anthropologie ist Rahners Herangehensweise ans **Heil**. Die traditionelle Lehre der römisch-katholischen Kirche war, es gebe kein Heil außerhalb der Kirche.

Rahner dagegen lehrt, die Gnade Gottes könne auch in einem Menschen von nichtchristlicher Religion wirken oder sogar in jemandem, der gar keine Religion hat. Zum Beispiel könne ein Atheist Gott durch sein Gewissen begegnen, auch ohne etwas von Gott oder dem christlichen Glauben zu wissen.

Es gibt keinen Gott!

Oh doch, den gibt es!

Auch so ein Mensch könne gerettet werden, und auch für ihn komme das Heil nur durch Christus, aber weil Gott wolle, dass alle Menschen gerettet werden, sind sie vielleicht «**anonyme Christen**», wie Rahner sie nennt: Sie sind Christen, ohne es zu wissen. Diese Position wird als «**Inklusivismus**» bezeichnet, und sie steht im Gegensatz zur traditionelleren Position des **Exklusivismus** wie auch zu einer noch radikaleren Position, dem **Pluralismus** (also der Auffassung, man könne durch jede Religion Heil finden, und die christliche Tradition spiele dabei überhaupt keine Rolle).

Rahner ist es hoch anzurechnen, dass er versucht hat, das Problem des Heils und der anderen Religionen ernst zu nehmen. Aber macht er sich schuldig, den christlichen Glauben aller realen Elemente zu entleeren? Und was würde ein Atheist oder Hindu dazu sagen, wenn man ihn einen «anonymen Christen» nennen würde?

ZWEITES VATIKANISCHES KONZIL

1962–65

Die römisch-katholische Kirche bezeichnete die Versammlung eines Konzils von 1962 bis 1965 als das 21. Ökumenische Konzil. An diesem wichtigen Ereignis in der Geschichte des Katholizismus waren etwa 2300 Theologen beteiligt, und es wurden dort sechzehn wichtige Beschlüsse gefasst. Seine Bedeutung lag in der Zahl der Tagesordnungspunkte. Das Konzil erlaubte den Gebrauch der zeitgenössischen Sprache (anstelle von Latein) im Gottesdienst, und vor allem befürwortete es den Dialog mit anderen Denominationen und anderen Religionen. In seiner Haltung zu anderen Religionen machte sich das Konzil eine Position zu eigen, die der von Karl Rahner ähnlich war, nämlich dass Nichtchristen das Heil erlangen können, selbst wenn sie nichts von Christus wissen.

HANS KÜNG

Wenn ein Theologe es fertigbringt, Bücher von siebenhundert Seiten zu schreiben, die sogar von Nichtchristen gelesen werden, dann sollte man sich seinen Namen merken! **Hans Küng** (geb. 1928) ist vielleicht nicht gerade der orthodoxeste unter den katholischen Theologen, aber auf jeden Fall einer der meistgelesenen.

> *Andererseits, vielleicht mag ich Abhandlungen ja doch!*

Küng ist ein Schweizer Katholik, der in Tübingen lehrte. Einen Großteil seines Lebens verbrachte er in der Rolle eines Apologeten, der versuchte, den christlichen Glauben so zu artikulieren, dass er fürs moderne Leben relevant ist. Darüber hinaus engagierte er sich stark für die Belange der Ökumene und versuchte Teile der römisch-katholischen Kirche zu reformieren.

Küngs erstes wichtiges Werk befasste sich mit dem Thema der **Rechtfertigung**. In einem Versuch, die Kluft von vierhundert Jahren Geschichte zu überbrücken und zu illustrieren, wie nahe die protestantische und die römische Kirche in Wahrheit beieinanderliegen, was die Frage der Rechtfertigung angeht, nahm Küng die Lehre des Konzils von Trient und die von Karl Barth zu dieser wichtigen Frage unter die Lupe. Seine Schlussfolgerung war, es gebe keine unversöhnlichen Gegensätze zwischen Barth und Trient. Barth selbst fand, Küng hätte gute Arbeit geleistet, und etliche katholische Denker waren ebenfalls beeindruckt.

Obwohl dies nur Küngs Doktorarbeit war, war es ein bedeutender Beitrag zum Projekt der Ökumene.

RAF – Deutscher Herbst; versuchte Freipressung von Gefangenen	Das Wrack der Titanic wird gefunden	Verkündigung der Perestroika durch Gorbatschow
1977	1985	1987

Seine anderen Werke waren allgemeiner gehalten und trugen Titel wie …

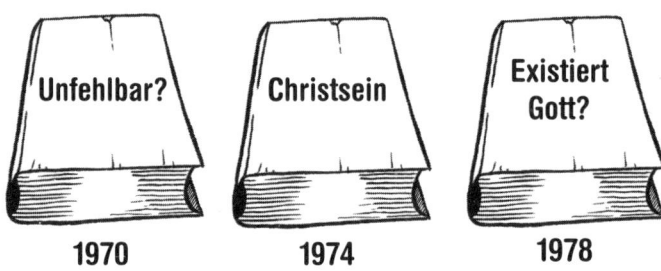

Unfehlbar?

1970

Christsein

1974

Existiert Gott?

1978

Ewiges Leben?

1982

Sein Buch, das beschreibt, was es heißt, ein Christ zu sein, wurde als apologetisches Werk viel gelesen. Die Arbeiten über die Kirche und die Frage der **Unfehlbarkeit** waren umstrittener. Sein Argument war, kein Mensch und keine menschliche Organisation könne für sich in Anspruch nehmen, ohne Irrtum zu sein. Nicht einmal der Papst oder die Kirche. Diese Infragestellung führte dazu, dass Küng 1979 die kirchliche Lehrbefugnis entzogen wurde. Angesichts dessen erhielt Küng viel Unterstützung in der Öffentlichkeit und setzte seine Lehrtätigkeit in Tübingen in anderer Funktion fort.

Küngs Werk kann in gewisser Hinsicht als ein Versuch eines Brückenschlags gesehen werden – zwischen Protestanten und Katholiken, zwischen Christen und der Gesamtgesellschaft und zwischen der Autorität der Kirche und dem normalen Christen auf der Kirchenbank.

Seither hat er sein Augenmerk Fragen zugewandt wie der nach den anderen Religionen (und wie sie sich zum christlichen Glauben verhalten) und danach, was Christen angesichts der ungeheuren Umweltherausforderungen unseres Planeten zu sagen haben.

Die Berliner Mauer fällt
10. November 1989

WELTKIRCHENRAT

Eine wichtige Entwicklung in den kirchlichen Beziehungen im zwanzigsten Jahrhundert war die Gründung des Weltkirchenrates 1948, nachdem im selben Jahrhundert eine Reihe von Konferenzen vorausgegangen waren, die etwas Derartiges vorbereitet hatten. 1983 waren 301 kirchliche Denominationen daran beteiligt. Der Rat fördert nicht nur die Beziehungen zwischen den Denominationen, sondern erreichte 1982 auch einen theologischen Konsens über Taufe, Eucharistie und Amtsverständnis. Der Rat versteht sich als «eine Gemeinschaft von Kirchen, die den Herrn Jesus Christus als Herrn und Erlöser annehmen». Da dies eine sehr vage theologische Definition war, wurden weitere Punkte zur Heiligen Schrift und zur Trinität hinzugefügt. Der Rat verfolgt ein christliches Bemühen um Einheit, die in jeder Ekklesiologie erwünscht ist. Es bleibt jedoch die Frage, ob Einheit auf Kosten der Wahrheit erreicht wird.

CHARISMATISCHE BEWEGUNG UND PFINGSTLERTUM

Die vielleicht einflussreichste Bewegung in der weltweiten Theologie des letzten Jahrhunderts war das explosive Phänomen, das wir als Pfingstbewegung kennen.

Wie die meisten Bewegungen innerhalb der Kirche beruft sie sich darauf, an die ursprünglichen Erfahrungen und Gedanken der ersten Christen anzuknüpfen. Zu Beginn des zwanzigsten Jahrhunderts begann in der Azusa Street Mission in Kalifornien eine Erweckung, bei der die Gemeinde Erscheinungen wie Zungenrede, Heilungswunder und überschwängliche Anbetung erlebte. Solche «Erweckungen» wiederholten sich nun quer durch Amerika und

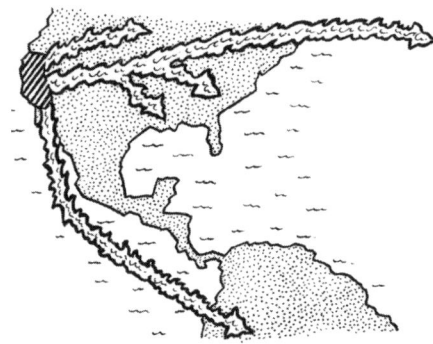

breiteten sich bald auch nach Lateinamerika und über den Atlantik nach Europa aus.

Das klassische Pfingstlertum bildete eigene Denominationen und Strukturen aus, doch eine sogenannte «zweite Welle» der Erweckung brachte die charismatische Erneuerung auch in die großen Kirchen in Europa und Amerika hinein. Ende des zwanzigsten Jahrhunderts waren **charismatische Phänomene**, die bis dahin nur in Pfingstgemeinden aufgetreten waren, **in allen großen Denominationen** zu beobachten, einschließlich der lutherischen, der römisch-katholischen und der anglikanischen Kirche.

Ihren Namen leitet die **Pfingstbewegung** natürlich von **Pfingsten** her, der **Ausgießung des Heiligen Geistes** auf die Jünger Jesu, von der in der Apostelgeschichte des Lukas berichtet wird. In ähnlicher Weise sind **Charismatiker** diejenigen, bei denen sich die verschiedenen «**Charismen**» oder **Gnadengaben** zeigen, etwa Zungenrede und Heilungswunder. Innerhalb der verschiedenen Strömungen der Erneuerung gibt es viele unterschiedliche Überzeugungen, sei es über Gemeindestrukturen und -ordnungen oder über die Auslegung bestimmter Lehren. Zum Beispiel darüber, was mit der «Taufe im Heiligen Geist» gemeint ist und ob diese eine zweite Erfahrung ist, die jeder Christ nach seiner Bekehrung erleben sollte. Trotz dieser Unterschiede steht jedoch außer Frage, dass die Pfingstler und die charismatischen Christen heute eine der stärksten und einflussreichsten Gruppen innerhalb des weltweiten Christentums sind.

BEFREIUNGS-THEOLOGIE

Eine weitere bedeutende theologische Bewegung im zwanzigsten Jahrhundert war die **Befreiungstheologie**, die in den späten 1960er-Jahren vor allem in Lateinamerika entstand.

Die Fragestellung dahinter ist diese: Was hat Theologie der großen Mehrheit der Weltbevölkerung zu sagen, die nun mal unterdrückt und arm ist? Der größte Teil der Theologie geht auf die Mächtigen und Reichen zurück. Hat also die Theologie dem Rest der Welt überhaupt etwas mitzuteilen?

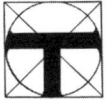 Darum wollte die Befreiungstheologie statt der üblichen Diskussionen in der westlichen Theologie, zum Beispiel über die Trinität oder die kirchliche Autorität, Fragen nach der **Gerechtigkeit Gottes** stellen.

Gott hat sich in der Tat mit den Armen identifiziert und auf sie eingelassen – nämlich am Kreuz Jesu. Dort erleidet Gott alles, was die Unterdrückten erlitten haben. Während traditionelle Theologie oft von Gott und der Offenbarung ausging, sah die Befreiungstheologie die Armen und Unterdrückten als ihren Ausgangspunkt. **Leonardo Boff** und **Gustavo Gutierrez** sind bekannte Vertreter der Befreiungstheologie.

Die Befreiungstheologie beschränkte sich nicht auf Lateinamerika, sondern wurde in vielen schwarzen Kulturen nachvoll-

zogen, etwa in Kontexten wie in Südafrika und in Gruppen, in der Unterdrückung viele Gesichter hat. Zum Beispiel verbindet die «womanistische» Theologie die Anliegen der Befreiungstheologie für Schwarze mit der feministischen Theologie.

Allgemein hat sich die Befreiungstheologie bemüht, Hoffnung anzubieten, anknüpfend an das Werk **Moltmanns** und gewisse marxistische Gedanken. Das **Vatikanum II** war stark von der Befreiungstheologie beeinflusst.

Eine Schlüsselgeschichte für Befreiungstheologen dürfte der Exodusbericht sein, der schildert, wie Gott sein Volk aus dem Leiden herausführt, und zu einer Angelegenheit wird, die alle unterdrückten Gruppen inspirieren und lehren kann.

FEMINISTISCHE THEOLOGIE

Die Lektüre dieses Buches macht eine auffällige Tatsache über die Theologie deutlich: Sie wurde zum größten Teil von Männern betrieben. **Feministische Theologie** entstand im zwanzigsten Jahrhundert teilweise als Reaktion auf diesen Umstand. Christliche Theologie scheint einen männlichen Gott, eine männliche Bibel, einen männlichen Erlöser und eine männliche Kirche zu haben, geführt von männlichen Predigern und männlichen Theologen. Und wo bleiben die Frauen?

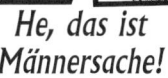

He, das ist Männersache!

Darum hat die feministische Theologie diese Probleme in Angriff genommen. Sie ist keine einheitliche Bewegung, und ihre Bandbreite reicht vom Liberalen zum Evangelikalen und von der Befreiungstheologie bis zur postchristlichen feministischen Theologie. Eine Schlüsselfrage ist die der Hermeneutik, also danach, wie wir die Bibel studieren und auslegen sollen. Ist die Bibel **patriarchalisch** (stellt sie Männer über Frauen), enthält sie positive Frauenbilder, spricht sie die Frauen von heute an etc.?

Einige feministische Theologinnen sind **Mary Daly, Elisabeth Schüssler Fiorenza, Rosemary Radford Ruether und Phyllis Trible**. Ihre Fragen betreffen zentrale Themen der christlichen Theologie. Wenn wir zum Beispiel von Gott als «er» sprechen, meinen wir damit, dass Gott in seinem Wesen männlich sei, oder ist das die Art und Weise, wie Gott sich zu offenbaren beschlossen hat? Ist es erlaubt, von Gott als «sie» zu sprechen …

Was, kein Bart?

… und wenn Christus sich damit identifizierte, was es bedeutet, ein Mensch zu sein, schließt das eine echte Erfahrung des Weiblichen mit ein? Die Kirche hat eine wenig ruhmreiche Geschichte der Unterdrückung von Frauen, und Theologen sind gefordert, darüber nachzudenken und etwas dagegen zu tun.

EVANGELIKALISMUS

Zu Beginn des neuen Jahrhunderts lassen sich einige einflussreiche Bewegungen (im Gegensatz zu einzelnen Personen) ausmachen.

Der **Evangelikalismus** ist eine Bewegung innerhalb der Kirchen und der Theologie. Vom Ursprung her protestantisch, entstand er als Reaktion auf die liberale Theologie. Evangelikale bemühen sich um die Wahrung der Orthodoxie innerhalb und außerhalb traditioneller konfessioneller Strukturen.

Evangelikale sehen ihre Wurzeln in den Glaubensbekenntnissen, der Reformation, bei den Puritanern und in gewissen Erweckungsbewegungen des achtzehnten und neunzehnten Jahrhunderts.

> *Vor allem berufen sich die Evangelikalen auf die Schrift als erste und letzte Instanz in allen Fragen der Theologie.*

Im neunzehnten Jahrhundert erlebte der Evangelikalismus ein starkes Wachstum, verbunden mit einem Wiederaufleben evangelikaler Identität und sozialen Engagements. Auch in jüngerer Zeit ist der Evangelikalismus wieder weltweit gewachsen.

> *Bitte, Gott, ich muss mich ändern.*

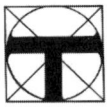

Theologisch betonen die Evangelikalen neben der Besinnung auf die Schrift die Notwendigkeit der Bekehrung und der Evangelisation, die zentrale Stellung der stellvertretenden Sühne und die Wiederkunft Christi.

Zwei beachtliche evangelikale Theologen der jüngeren Zeit sind **John Stott** und **Carl F.H. Henry**.

DIE POSTMODERNE

Die **Postmoderne**, eher als Philosophie denn als Theologie einzustufen, wird inzwischen als eine Strömung erkannt, die das ganze Leben und Denken beeinflusst. Die Schwierigkeit liegt darin, die Postmoderne zu definieren. Ihr Name suggeriert, dass sie, sowohl zeitlich als auch von der Entwicklung des Denkens her, **nach** allem kommt, was

So wie ich!

MODERN ist.

> Die Vernunft sagt mir, dass die Vernunft alle Antworten hat!

Charakteristisch für die **Moderne** ist das Vertrauen in die Macht der Vernunft, der Optimismus im Blick auf den Fortschritt und die Fähigkeiten des Menschen und die Erwartung, dass eine einzige philosophische Darstellung als Erklärung für alles dienen könne. Die **Postmoderne** hingegen bestreitet, dass die Vernunft all unsere Probleme lösen und zu einer einheitlichen Antwort kommen könne.

> Die Vernunft sagt mir, dass die Vernunft uns gar nichts sagen kann ... äh ...

> Die Postmoderne glaubt nicht daran, dass es eine große Geschichte (eine «Meta-Erzählung») gibt, die alles erklärt, oder dass es mit der Menschheit notwendigerweise aufwärtsgeht.

In der Theologie stellt die Postmoderne die Frage, ob es überhaupt möglich ist, irgendwelche absoluten Erkenntnisse zu haben (**Relativismus**), und vertritt die Auffassung, es gebe viele Wege, die Welt zu verstehen, die gleichermaßen gültig sein können (**Pluralismus**). Postmoderne Theologen sind oft äußerst skeptisch gegenüber der Wirklichkeit Gottes und dem Reden von Gott (**Don Cuppitt**, **Mark Taylor**). Oder aber sie sind vorsichtig optimistisch beim Beantworten theologischer Fragen, auch wenn wir vielleicht nicht die ganze Wahrheit kennen können.

Das Schwierige an der Postmoderne ist, dass sie so viele verschiedene Formen annimmt und dass wir gerade mittendrin stecken. Vielleicht wird sie sich in zwanzig Jahren besser analysieren und in ihren Implikationen beurteilen lassen.

Am Anfang des einundzwanzigsten Jahrhunderts geht für die Theologie die Reise zum Verstehen Gottes und der Welt weiter. Die Zeit der Moderne und der Postmoderne stellt vieles in Frage, was vorher war, hofft aber gleichzeitig, darauf aufbauen zu können.

Heute steht die Theologie vor Fragen wie dem Verständnis anderer Religionen, der Rolle der Frauen in Theologie und Kirche, dem Wesen der Wahrheit und vielen anderen Themen.

Angesichts des weltweiten Wachstums von Bewegungen wie dem Evangelikalismus …

… kehrt die Theologie vielleicht wieder zu ihren Wurzeln zurück.

Ob es wirklich so kommt, werden wir sehen.

BIBLIOGRAFIE UND GLOSSAR

Dies ist nur eine kleine Auswahl verfügbarer Werke. In ihnen finden Sie wiederum Wegweiser in ganz andere Richtungen, also graben Sie weiter!

New Dictionary of Theology
Sinclair Ferguson und David Wright (Hrsg.)
(Leicester: IVP, 1988)
Ein unverzichtbares Nachschlagewerk für alle, die sich mit Theologie beschäftigen, mit hilfreichen Bibliografien zum weiteren Studium.

Theologen der Gegenwart
David Ford (Hrsg.)
(Paderborn: Schöningh, 2000)
Alle wichtigen Theologen und Bewegungen des zwanzigsten Jahrhunderts werden auf Grundstudienebene eingeführt und diskutiert.

Early Christian Doctrines
J.N.D. Kelly
(London: A. & C. Black, 1977)
Wichtiger Text zur Theologie der Alten Kirche und maßgeblich
für alles darauf Aufbauende.

The Lion Book of Christian Thought
Tony Lane
(Oxford: Lion, 1984)
Ein hervorragend dichter und doch sehr detaillierter Schritt aufwärts von
dieser Kurzeinführung. Enthält Auszüge wichtiger Texte.

Der Weg der christlichen Theologie: Eine Einführung
Alister McGrath
(Gießen: Brunnen, 2007)
Eine der besten verfügbaren Einführungen in die christliche Theologie.
Ein hervorragender nächster Schritt, zusammen mit dem ergänzenden
Band …

The Christian Theology Reader
Alister McGrath (Hrsg.)
(Oxford: Blackwell, 1995)

Reformation Thought
Alister McGrath
(Oxford: Blackwell, 1993)
Hilfreicher Überblick darüber, was zur Reformation führte
und was dabei herauskam.

Turning Points. Decisive Moments in the History of Christianity
Mark A. Noll
(Leicester: Apollos, 1998)
Eine lebendige und fundierte Einführung in historische Ereignisse von
Bedeutung für die Theologie. Gut für Abitur- und Grundstudienniveau.

A Lion Handbook. The History of Christianity
Tim Dowley (Hrsg.)
(Oxford: Lion, 1990)
Schön illustrierter und detaillierter Geschichtsüberblick.
Großartiges Nachschlagewerk.

Kirchengeschichte
Kurt Dietrich Schmidt
(Göttingen: Vandenhoeck & Ruprecht, 9. Auflage 1990)
Ein Grundriss der Kirchengeschichte von der Alten Kirche
bis in die Moderne.

Basiswissen Kirchengeschichte
(Göttingen: Vandenhoeck & Ruprecht; Wuppertal: R. Brockhaus, 2007)
Spannende CD-ROM mit Daten, Fakten und Zusammenhängen
von den Anfängen bis heute.

Abendmahl – Eucharistie, Messe, Heilige Kommunion; von Jesus
eingesetztes Sakrament zur Erinnerung an seinen Tod; wird unter-
schiedlich interpretiert.

Ablassbriefe – wurden an Christen verkauft, die die Zeit verkürzen
wollten, die sie laut Kirche im Fegefeuer verbringen müssten.

Adiaphora – theologische Fragen, über die keine Einigkeit herrscht,
die aber für zweitrangig gehalten werden.

Allmächtig – über die Macht verfügend, alles zu tun.

Analogie – eine Methode, etwas zu erklären, indem man es mit etwas
anderem vergleicht.

Anthropologie – die Lehre vom Menschen.

Antiochier – westliche Christen in der Alten Kirche, die die Einheit
Gottes betonten.

Apokatastasis – Universalismus, Allversöhnung; der Glaube, jeder und
alles werde errettet.

Apollinarianismus – der Glaube, Jesus habe keine menschliche Seele
gehabt.

Apologeten – Menschen, die versuchen, einem nicht gläubigen
Publikum das Christentum zu erklären.

Arianismus – nach Arius benannte Häresie, der zufolge der Sohn nicht
göttlich ist wie der Vater.

Aristoteles – griechischer Philosoph, der viele Theologen beeinflusste.

Askese – Rückzug der Kirche von der Welt und ihren Verführungen;
gebräuchlicher: enthaltsame Lebensweise.

Auferstehung Christi – der Glaube, dass Jesus nach seiner Kreuzigung
zu einer neuen Existenz auferweckt wurde.

Aufklärung – im achtzehnten Jahrhundert beginnende geschichtliche Periode, die von Wissenschaft, Vernunft, vom Einfluss des Fortschritts etc. in allen Bereichen des menschlichen Lebens gekennzeichnet ist.

Baptisten – Denomination, die die Unabhängigkeit der Kirche vom Staat und die Glaubenstaufe betont.

Begrenzte Sühne – der Glaube, dass die Auswirkungen des Kreuzes nur für die Erwählten gelten.

Bekenntnis – eine Formulierung der christlichen Lehren.

Bibel – die Heilige Schrift, Gottes Wort; das Buch, das Christen als maßgeblich ansehen, bestehend aus dem Alten Testament (der hebräischen Bibel, die auch von Juden anerkannt wird) und dem Neuen Testament.

Book of Common Prayer – anglikanisches Buch, in dem die Kirchen-ordnung, die Theologie, die Liturgien etc. festgehalten sind.

Christologie – die Beschäftigung mit dem Wesen, der Person und dem Werk Christi.

Creatio ex nihilo – der Glaube, dass Gott die Welt und das Universum aus dem Nichts erschuf.

Determinismus – Lehre von der Unfreiheit des menschlichen Willens.

Dialektik – Argumentationsmethode, bei der Gegensätze einander gegenübergestellt werden, um zu einer Schlussfolgerung zu gelangen.

Donatisten – Gruppe, die glaubte, nur die Erlösten dürften Teil der Kirche sein.

Dualismus – Zweiheit; auch Gegensätzlichkeit.

Ekklesiologie – Beschäftigung mit dem Wesen, der Autorität, der Struktur und der Leitung der Kirche.

Entmythologisierung – Bultmanns Weise, das Kerygma aus dem Neuen Testament herauszulesen.

Erfahrung – Ereignisse im Leben, die zur Bildung einer Theologie herangezogen werden.

Erlöser – derjenige, der errettet; im Christentum: Jesus.

Erlösung – Heil, Rettung, Befreiung.

Erwählte – diejenigen, die nach Gottes Ratschluss oder nach seinem Vorauswissen gerettet werden.

Erweckung – religiöses Ereignis, bei dem Menschen sich in großer Zahl bekehren und in der Gesellschaft drastische Veränderungen vorgehen.

Eschatologie – Beschäftigung mit der Zukunft, dem Ende der Welt, der Wiederkunft Christi, den letzten Dingen.

Eucharistie – siehe Abendmahl.

Evangelium – gute Nachricht, die Botschaft des Christentums; auch eines der vier Evangelien im Neuen Testament.

Existenzialismus – Philosophie, die die Erfahrung und die Bedeutung der Begegnung mit der Wahrheit betont.

Exklusivismus – der Glaube, dass nur Christen gerettet werden.

Exkommunizierung – Ausschluss einer Person aus der Kirche aufgrund von Häresie oder falscher Glaubenspraxis.

Fideismus – eine theologische Richtung, nach der die übernatürliche Offenbarung als einzige Quelle des Glaubens auch Ursprung allen Wissens ist.

Filioque-Streit – drehte sich darum, ob der Geist vom Vater allein oder vom Vater und vom Sohn ausging.

Freier Wille – die Fähigkeit des Menschen, seine Handlungsweise zu wählen.

Glaube – Überzeugung und Vertrauen; auch Bezeichnung für eine Gruppe von Überzeugungen.

Glaubensbekenntnis – eine Aufzählung christlicher Überzeugungen.

Gnade – Ausdruck von Gottes bedingungsloser Liebe.

Gnosis – eine Bewegung, die die Wichtigkeit der Erkenntnis und die Gegensätzlichkeit zwischen der materiellen und der geistlichen Welt betonte.

Gott – in der christlichen Theologie ist Gott einer und drei zugleich; der Schöpfer und Erhalter des Universums; der Gegenstand christlicher Theologie.

Häresie – Ketzerei, Irrglaube, Irrlehre.

Heiliger Geist – die dritte Person der Trinität.

Heilsökonomie – die Art und Weise, wie Gott sich in seinem Heilsplan als Vater, dann als Sohn und schließlich als Heiliger Geist offenbart.

Hermeneutik – die Praxis und Methode der Auslegung und Interpretation, besonders der Heiligen Schrift.

Homoousios – Begriff, der besagt, dass der Sohn wesensgleich mit dem Vater ist.

Humanist – in der Reformation jemand, der für eine Rückkehr zu den ursprünglichen Quellen der Theologie und Philosophie plädierte; in der Moderne jemand, der Entscheidungen nach dem Kriterium des Wohls für andere Menschen oder die Menschheit im Allgemeinen fällt statt nach irgendeiner anderen Philosophie.

Hypostasis – Begriff zur Bezeichnung der drei Personen in der Gottheit.

Ikonen – Bilder, die Christus oder auch Heilige darstellen; sie sollen der Vergegenwärtigung (Repräsentanz) christlicher Wahrheiten dienen.

Inkarnation – der Glaube, dass Gott in der Person Christi Mensch wurde.

Inklusivismus – der Glaube, dass Menschen zwar nur durch Christus gerettet werden können, sie aber auch durch Christus gerettet werden können, ohne es zu wissen.

Inspiration – die Auffassung, dass die Niederschrift der Bibel von Gott geleitet und geführt wurde.

Jesus – Mensch, der nach der Schilderung des Neuen Testament in Palästina lebte und als die zweite Person der Trinität betrachtet wird: Jesus Christus, Sohn Gottes, Erlöser der Welt.

Kanon – der Umfang, alle Bücher der Bibel; das, was als zur Bibel gehörig akzeptiert wird, im Gegensatz zu anderen Büchern, die als weniger maßgeblich angesehen werden.

Kerygma – die Kernbotschaft des Evangeliums, auf die Menschen antworten müssen.

Kommunion – siehe Abendmahl.

Konfirmation – Ritus zur Bestätigung der Taufe; durch sie wird eine als Kind getaufte Person als vollberechtigtes Mitglied in die Gemeinde aufgenommen.

Korrelation – Paul Tillichs Methode, um die Welt und die Schrift aufeinander zu beziehen.

Kredo – Glaubensbekenntnis; wörtlich: «Ich glaube».

Liberalismus – Bewegung in der Theologie, die die historischen Glaubensbekenntnisse in dem Bemühen interpretiert, der modernen Welt das Christentum zu präsentieren.

Logos – das Wort, das Prinzip hinter der Welt; im Johannes-Evangelium wird der Logos Mensch.

Logos spermatikos – der Same des Logos in allen Menschen.
Lollarden – Anhänger von John Wyclif.

Manichäismus – gnostischer religiöser Glaube.
Marcion – Häretiker, der das Alte Testament und große Teile des Neuen Testaments missachtete.
Märtyrer – jemand, der für seinen Glauben stirbt.
Mazedonier – Häretiker, die die Göttlichkeit des Heiligen Geistes verleugneten.
Menschensohn – eine neutestamentliche Selbstbezeichnung Jesu.
Messe – siehe Abendmahl.
Methodisten – Denomination, die im Anschluss an Wesley entstand.
Mission – der Vorgang, das Christentum zu Menschen zu bringen, die noch nie davon gehört haben.
Monarchianisten – Häretiker, die glaubten, es gebe keine Unterscheidungen innerhalb der Gottheit.
Mönchstum – Konzentration des kirchlichen Lebens und Denkens in Klöstern.
Monophysitismus – der Glaube, Christus habe nur eine Natur, nämlich die göttliche.
Mysterium – Geheimnis.
Mystik – religiöse Herangehensweise, die die mysteriösen, kontemplativen Aspekte des religiösen Lebens betont.

Natürliche Theologie – der Versuch, aus dem, was wir um uns her sehen und durch die Vernunft erschließen können, etwas über Gott zu erfahren.
Neo-orthodox – Bezeichnung für Leute wie Karl Barth, die auf neuartige Weise gegen den Liberalismus reagierten.
Nestorianismus – benannt nach Nestorius; Betonung der Trennung zwischen den beiden Naturen in Christus.
Nominalismus – Philosophie, die den Universalien eine eigene Existenz abspricht; Gegensatz zum Realismus.

Offenbarung – Gottes Mitteilung über sich selbst an die Menschen, im Gegensatz zu menschlicher Spekulation über Gott mit Hilfe der Vernunft.
Ökumene – Bewegung, die das Ziel hat, Kirchen unterschiedlicher Denominationen zusammenzubringen.
Ökumenisches Konzil – eine Versammlung aller Parteien der Kirche zur Lösung einer strittigen Lehrfrage, etwa Nizäa im Jahre 325.

Ontologie – die (philosophische) Wissenschaft vom Seienden.

Ontologischer Gottesbeweis – vernunftbasiertes Argument für die Existenz Gottes.

Orthodoxie – wörtlich «Rechtgläubigkeit»; wird meist als etwas angesehen, das von bestimmten Bekenntnissen und Konfessionen erfüllt wird.

Orthopraxie – richtiges Handeln; vgl. Orthodoxie.

Pelagianismus – nach Pelagius benannte Häresie, die den freien Willen betont.

Pentateuch – die ersten fünf Bücher des Alten Testaments.

Perfektionismus – in Bezug auf Religion der Glaube, dass Christen vollkommen werden können, schon bevor sie in den Himmel kommen.

Philosophie – das Nachdenken über die Welt, über das Leben, über das Wesen der Dinge.

Pilgerreise; Wallfahrt – eine Reise mit einem religiösen Ziel, vielleicht zu einer heiligen Stadt oder einer Grabstätte.

Plato – griechischer Philosoph, der viele Theologen beeinflusste.

Platonismus – an Plato anknüpfende Philosophie.

Pluralismus – in Bezug auf Religion der Glaube, dass alle Religionen in dieselbe Richtung weisen und das Heil vermitteln.

Prädestination – der Glaube, das Schicksal einer Person werde schon vor der Schöpfung von Gott entschieden.

Protestantismus – Bewegung, die gegen die römisch-katholische Kirche protestierte; heute ein allgemeiner Begriff, der ganze Kirchen bezeichnet.

Q – eine hypothetische Quelle hinter den synoptischen Evangelien (Matthäus, Markus und Lukas).

Quäker – Denomination, die von George Fox gegründet wurde; betont die religiöse Erfahrung; vom Englischen *to quake* = zittern, beben.

Realismus – Philosophie, der zufolge die Universalien tatsächlich existieren.

Rechtfertigung – der Prozess, durch den man vor Gott gerecht wird.

Reformierte Theologie – Theologie, die an die großen protestantischen Reformatoren anknüpft. Kann sich auf protestantische Theologie allgemein beziehen oder auch zur Unterscheidung von lutherischer und reformierter (calvinistischer) Theologie verwendet werden.

Römisch-katholische Kirche – die Kirche, die ihre Autorität vom Papst in Rom herleitet.

Sakramente – in der Kirche vollzogene Riten, die etwas von der Gnade Gottes mitteilen; es gibt unterschiedliche Deutungen, wie und warum das geschieht.

Scholastik – theologische Herangehensweise, die Vernunft und Systematik betont.

Seele – der Teil des Menschen, von dem man glaubt, dass er den Tod überdauert.

Soteriologie – Beschäftigung damit, wie man gerettet wird und was das bedeutet.

Spiritualität – die religiöse Haltung und das religiöse Leben eines Menschen.

Stellvertretung – der Gedanke, dass Christus durch seinen Sühnetod an die Stelle der Menschen trat.

Stigmata – die Zeichen der Kreuzigung Christi an Händen, Füßen und auch am Kopf und in der Seite.

Subordination – Unterordnung unter die Autorität eines anderen; sich selbst an zweite Stelle setzen.

Sühnegeschehen – das, was sich beim Tod Jesu ereignete, und das Verständnis, wie er die Sünde aus der Welt schaffte.

Sünde – sowohl die individuellen Akte als auch der Zustand aller Menschen, indem sie tun, was Gottes Willen widerspricht.

Sündenfall – Ereignis nach der Schöpfung, bei dem Adam und Eva sich gegen Gott auflehnten.

Synoptiker – die drei Evangelien, die die größten Ähnlichkeiten aufweisen (Matthäus, Markus und Lukas); Johannes nimmt eine Sonderstellung ein.

Taufe – Ritus, bei dem Wasser verwendet wird, um jemanden in den christlichen Glauben einzuführen.

Täufer – (Anabaptisten, Wiedertäufer) radikaler Flügel der Reformation, betonte die Notwendigkeit der Glaubenstaufe an Erwachsenen.

Theotokos – Gottesgebärerin.

Thomisten – Anhänger der Theologie des Thomas von Aquin.

Transsubstantiation – der Glaube, während des Abendmahls werde das Brot in den Leib Christi und der Wein in das Blut Christi verwandelt.

Trinität – Dreieinigkeit; die Lehre, Gott sei ein Gott in drei Personen.

Tritheismus – der Glaube an drei gleichrangige Götter.

Unbefleckte Empfängnis – der Glaube, Maria sei ohne Sünde geboren, weil sie Jesus gebar, der ebenfalls sündlos war.

Unfehlbarkeit – der Glaube, dass etwas keinen Fehler begehen oder beinhalten kann; wird von Katholiken auf den Papst, von manchen Protestanten auf die Bibel angewandt.

Universalien – Allgemeinbegriffe, die eine ganze Kategorie bezeichnen; etwa Hunde, Tische etc.

Unsterblich – nicht dem Tod unterworfen, für immer lebend.

Ursünde – Adams und Evas erste Sünde, die sich auf alle Menschen ausgewirkt hat, so dass niemand ohne Sünde ist.

Verderbtheit – der in Sünde gefallene Zustand der Menschheit.

Vernunft – die Anwendung unseres Verstandes.

Vorauswissen – Gottes Wissen über Ereignisse, die noch nicht stattgefunden haben.

Vulgata – die lateinische Übersetzung der Bibel.

Wille – die Wünsche und die Entscheidungsfähigkeit einer Person.

Wort – siehe Bibel oder Logos.